The Study of Urban Housing Stratification
—— A Case of Guangzhou

城市住房分层研究
——以广州市为例

毛小平 著

中国社会科学出版社

图书在版编目(CIP)数据

城市住房分层研究：以广州市为例 / 毛小平著 . —北京：中国社会科学出版社，2017.6
ISBN 978-7-5203-0153-4

Ⅰ.①城… Ⅱ.①毛… Ⅲ.①城市—住宅—调查报告—广州 Ⅳ.①F299.276.51

中国版本图书馆 CIP 数据核字(2017)第 074590 号

出 版 人	赵剑英
责任编辑	冯春凤
责任校对	张爱华
责任印制	张雪娇
出　　版	中国社会科学出版社
社　　址	北京鼓楼西大街甲 158 号
邮　　编	100720
网　　址	http://www.csspw.cn
发 行 部	010-84083685
门 市 部	010-84029450
经　　销	新华书店及其他书店
印　　刷	北京君升印刷有限公司
装　　订	廊坊市广阳区广增装订厂
版　　次	2017 年 6 月第 1 版
印　　次	2017 年 6 月第 1 次印刷
开　　本	710×1000　1/16
印　　张	12
插　　页	2
字　　数	201 千字
定　　价	58.00 元

凡购买中国社会科学出版社图书，如有质量问题请与本社营销中心联系调换
电话：010-84083683
版权所有　侵权必究

目　　录

一　导论 …………………………………………………………（ 1 ）
　（一）研究背景 …………………………………………………（ 1 ）
　　1. 现实背景 …………………………………………………（ 1 ）
　　2. 理论背景 …………………………………………………（ 4 ）
　（二）文献综述 …………………………………………………（ 7 ）
　　1. 社会分层经典理论综述 …………………………………（ 7 ）
　　2. 分层视野中的住房不平等研究 …………………………（15）
　　3. 中国城市住房分层研究述评 ……………………………（21）
　（三）研究思路与方法 …………………………………………（30）
　　1. 研究内容 …………………………………………………（30）
　　2. 研究意义 …………………………………………………（31）
　　3. 研究框架 …………………………………………………（36）
　　4. 研究设计 …………………………………………………（38）
　　5. 研究创新 …………………………………………………（49）

二　城市住房分层现状分析 ……………………………………（50）
　（一）理论背景 …………………………………………………（50）
　　1. 社会分层标准及原理 ……………………………………（50）
　　2. 中国社会与住房分层 ……………………………………（52）
　（二）分析模型与变量设计 ……………………………………（55）
　　1. 分析模型 …………………………………………………（55）
　　2. 变量设计 …………………………………………………（56）
　（三）数据分析与结果 …………………………………………（59）
　（四）分析与讨论 ………………………………………………（62）

1. 城市住房阶层的基本状况 …………………………（63）
　　2. 住房分层的效度分析比较与检验 …………………（73）
　（五）小结 ……………………………………………………（76）
三　城市住房分层机制分析 ……………………………………（80）
　（一）理论背景与研究假设 …………………………………（80）
　　1. 理论背景：社会分层机制变化的论争 ……………（80）
　　2. 理论命题与研究假设 ………………………………（86）
　（二）住房分层机制的内生性转换回归分析 ………………（97）
　　1. 内生性转换模型及其原理 …………………………（97）
　　2. 分析结果 ……………………………………………（99）
　　3. 小结 …………………………………………………（105）
　（三）自我选择对住房分层的效应分析 ……………………（107）
　　1. 自我选择内生性模型及其原理 ……………………（107）
　　2. 分析结果 ……………………………………………（109）
　　3. 小结 …………………………………………………（121）
　（四）小结与讨论 ……………………………………………（122）
四　结论与讨论 …………………………………………………（128）
　（一）研究结论 ………………………………………………（128）
　（二）讨论：住房分层机制的新制度主义思考 ……………（131）
　（三）研究的缺陷与不足 ……………………………………（133）
　（四）结　语 …………………………………………………（134）
参考文献 ………………………………………………………（139）
附录Ⅰ　广州市城市住房状况调查问卷 …………………（154）
附录Ⅱ　广州市住房制度改革实施方案 …………………（169）
附录Ⅲ　广州市人民政府转发省人民政府关于加快住房制度改革实行住房货币分配的通知 ……………………（182）
后　记 …………………………………………………………（189）

一 导 论

（一）研究背景

1. 现实背景

（1）中国正处于社会转型期，阶层分化加剧

当前，我国正处于以农业为主的传统社会向以工业为主的现代社会转型、计划经济体制向市场经济体制转轨的"双转型"时期，社会经济结构、居民收入结构也随之分化，社会分层越来越复杂化，阶层分化趋势越来越明显。

改革开放以来，中国最大的现实背景是市场经济及其给中国社会带来的全方面复杂变革，其中一个关键要点是各社会阶层从收入到财富的快速分化（李斌，2009）。经济改革前，全国基尼系数约为0.30，1988年全国基尼系数上升为0.38（赵人伟，1999：9—49）。另据世界银行的统计资料，1995年中国的基尼系数上升为0.42，进入收入差距较大的国家行列（世界银行，1999：198）。1995年至今，收入差距还在继续扩大（李强，2000：191）。根据有关的数据推算，中国基尼系数1999年为0.457，2000年为0.458，2001年为0.459，2002年为0.460（刘玉照等，2007：12），2006年更是达到0.47（城镇居民内部为0.356）。2008年城镇居民中最高10%收入家庭的人均年可支配收入达到4.36万元，而最低10%收入家庭的人均年可支配收入则只有4753元，不到前者的1/9。行业之间的差距更高，2008年城镇最高收入行业（证券业）的职工平均工资是最低收入行业平均工资的15.2倍之多（陈杰，2010）。造成贫富分化加剧的原因，既有市场的也有再分配的。尤其是市场与再分配对于不平等起的作用不是反向的，而是同向的。正是这两个因素同一方向的共同作用，导

致了目前中国贫富严重分化这一现象的出现（孙立平，2005）。具体到住房领域，普通民众望"房"兴叹，开发商却能发展豪华住宅赚得盆满钵满，这一客观事实也充分说明当前中国整个社会的贫富分化日益加剧，居民之间的收入差距不断扩大的现实。

改革使人们的收入差距扩大的同时，社会阶层结构也发生了根本性的变化：一些新的社会阶层出现了，原有的阶层也分化或转变，"两阶级一阶层"的阶层结构分化解组，李慎明等（2002）、阎志明（2002）、段若鹏等（2002）、李路路（2003）、朱光磊等（1998）、杨继绳（2000）、李春玲（李春玲，2002）等学者提出了不同的阶层划分。最为典型的阶层划分是陆学艺等将当前的中国社会划分为五大社会等级，十大社会阶层（陆学艺，2002）。学者们就当前中国阶层分化的趋势各自提出了自己的看法，其中典型看法主要有：孙立平认为，中国社会已分裂为相互隔绝、差异鲜明的上层社会和底层社会两个部分，社会已"断裂化"（孙立平，2003）；陆学艺则认为，市场化的推进，工业化与城市化的发展，白领职业迅速扩张，中间阶层日益壮大，社会出现了"中产化"（陆学艺，2002）；李路路认为，中国社会发生了急剧变化，但社会分层秩序、社会分层相对位置和相对关系被延续下来，社会经济差异已"结构化"（李路路，2003）；李强等认为，传统的几大阶级或阶层被分化为许许多多的小群体，这些小群体如同一个个的碎片，社会已"碎片化"（李强等，2004）。由此可见，中国社会阶层结构的分化问题，不仅成为学者解读当下中国社会阶层结构的共识，而且成为社会学研究中国社会转型的核心问题。

（2）中国住房制度改革，住房分层日益明显

中国住房制度改革从1979年开始启动，经历了较长的渐进式改革过程。1979—1981年，中央政府在西安、柳州、梧州和南京等城市试点进行按照建造成本价格销售新建住房的改革；1982—1985年，中央政府在郑州、沙市、常州和四平等城市进行"三三制"售房；1986—1988年，中央政府在烟台、常州、蚌埠和唐山四城市进行提租、增资、补贴与租售并举的改革。1988年房改在全国铺开，但由于各地经济、社会发展状况差别较大，全国性改革于90年代初陷入停滞。1991年第二波住房改革启动，1994年中央政府决心采用市场原则作为指导经济活动的主要机制。

1995年国家启动了安居房（经济适用房）计划。在1979—1998年这一阶段，国家主要通过各种政策推动住房的商品化和私有化改革，主要措施有提高公房租金，向现有的职工廉价出售住房以及推行强制性的住房储蓄计划——住房公积金制度等。1998年国家推行住房货币化改革，即国家开始废除单位对职工提供实物住房福利的住房分配制度，采取向职工提供货币形式的住房补贴来实现住房分配的货币化，这标志着中国的住房制度发生了根本性变化。

住房体制改革前，由于计划经济体制下不同地区、部门以及不同所有制和级别的单位间不平等的住房投资，以及单位内部在实物分房中的不平等分配，居民之间就一定程度上存在住房不平等现象。住房制度改革过程中，由于实物住房和住房补贴在职工之间的不平等分配、不同职工在获得住房补贴上的机会不平等、内部的公房市场和商品房市场之间存在巨大的价格差异以及住房改革产生了住房供应的双轨制等，从而使改革前由于不均衡的住房投资和住房实物分配不公造成居民之间住房不平等的情况不仅没有得到缓解，相反进一步加剧了。这主要体现在几个方面：一是住房实物分配下隐形住房补贴的不平等分配产生的住房不平等，随着大量公房出售不断加剧。居民之间的住房不平等体现在是否能享受住房优惠出售的政策和购买到公房面积的大小、地段的好坏等。低价出售公房意味着公房购买者得到一大笔额外的收入。在私人部门工作的职工和在中小国有企业、集体企业工作的无房者则被排除在外，未能在房改中受益。二是公房市场和商品房市场的分离使不同的社会阶层不得不接受不同的住房价格。根据学者在1995年的一份抽样调查的估计，商品房的平均销售价格比公房价格高4—22倍（朱亚鹏，2007）。因此，对于那些有幸买到公房的人，他们从住房改革中实际上获得了一大笔的额外收入。这样，在住房制度改革过程中，住房的不平等不仅没有得到缓解，而且还由于市场化改革和住房改革战略的原因变得更为严重。

1998年的住房货币化改革实际上也加剧了住房的不平等。"老房老规则，新房新制度"的规定使过去的受益者现在又可以按低价购买公房，或者支付很低的租金，那些本来就没有分到住房的人却只能得到一小笔住房补贴。改革之前，公房住户就已有得益，优惠销售的政策给了他们一个获得更多利益的机会。同时，单位的级别不同、获得住房补贴的渠道不同、居民支付能力不同等也加剧了住房的不平等。

可见，自1988年住房改革，尤其是住房商品化改革以来，中国城市住房供给方式从"单位分配"向"市场流通"转变并引发住房市场的供求矛盾和住房分化问题加剧。任志强的"富人穷人本来就应该分区居住"论（任志强，2006），秦晖的"深圳完全可以率先兴建贫民区"论（中国新闻网，2008），从某种程度上反映了目前住房分层日益明显的现实。2006年的社会蓝皮书——《中国社会形势分析与预测》将"买房贵"称作我国新的民生三大问题之一。2007年的社会蓝皮书将"住房改革及住房价格问题"列举为城镇居民关注的三大社会问题之一。由此可见，城市住房分层问题成为人们关注的焦点。

2. 理论背景

（1）住房资源与社会分层

社会分层的依据是社会资源，而社会资源内容丰富，形式多样，究竟选择何种社会资源作为社会分层的依据，一直是社会分层研究面临的艰难选择。纵观经典社会分层方法，主要采用的社会分层标准有：经济收入、权力、声望、职业等。

然而，这些经典社会分层方法的分层标准对于转型期的中国社会而言，其适用性存在问题。首先，以经济收入作为分层标准来衡量阶层分化是有效的，但用经济收入衡量阶层分化需要一定的社会条件：一是市场经济必须发育比较完善，社会资源主要由市场进行配置；二是个人的工作回报或其他所得主要表现为货币且透明度较高。然而在当前处于转型期的中国社会，这样的社会条件还不够成熟：一方面，我国市场经济发育还不完善；另一方面，我国税收和财产申报制度并不健全，居民经济隐性收入无法有效统计。居民既有职业收入也有兼业收入、既有经常性收入也有偶然性收入、既有公开收入也有隐性收入。正是由于非常规收入（约占个人收入的30%左右[1]）的大量存在，使得常规的经济收入统计调查很难真实准确地反映实际情况（刘祖云、戴洁，2005）。

其次，以权力、声望等标准进行社会分层，能反映出个人能力大小和

---

[1] 李培林等：《中国社会分层》，社会科学文献出版社2004年版，第226页。

某些无形的社会资产，具有较强的"文化取向"。然而，这两种分层标准在转型期的中国社会操作性较差。声望分层是一种主观评价法，很难进行客观操作；权力分层在转型期的中国社会也缺乏操作性。这一方面是在转型期，权力的内涵和外延很难确定；另一方面是权力的公共使用是显性的，而权力的非公共使用则是隐性的。这导致权力测量非常困难。

最后，职业是涂尔干主义与后涂尔干主义的分层标准。格仑斯基指出，职业的自我选择过程使有着类似心态的就业者进入了相同的职业群体；同业者之间的互动趋向于强化和细化共享价值；同业者相同的职业义务使他们具有了共同的利益并且去追求这些利益（Grusky，2001）。因此，在他们看来，职业是最重要的社会分层指标。然而，在转型期的中国，由于社会发展出现了失衡与断裂①，从事同一职业的社会成员因地区不同（如内地与沿海）可能获得完全不同的报酬；或从事同一职业的社会成员因体制内与体制外的差别也可能获得完全不同的报酬。因此，以职业为标准的社会分层方法对处于转型期的中国也缺乏针对性。

基于此，学者刘祖云提出生活资源为标准的社会分层方法。他指出，生活资源分层一方面具有针对性，能避开转型期居民在收入来源与形式方面的扑朔迷离，进而简洁有效地勾勒出居民在经济收入方面的差别；另一方面具有操作性，如家用住房、家用汽车、家用电器等生活资料是看得见、摸得着并能显明地反映家庭收入水平的客观性指标。尽管这些客观生活指标并不能完全反映一个家庭所拥有的全部金钱和财富，但相对转型中国社会而言，它所反映的不同家庭收入差别方面是一个最真实、最易测量，因而也是最有效的指标（刘祖云、戴洁，2005b）。相类似的是，学者李培林则提出了消费指标作为社会分层的依据（李培林、张翼，2000）。

而学者李强则以生活资源之一——住房作为社会分层的标准，提出了六种"住房地位群体"的划分。他认为，一方面，住房是人们赖以栖息和生存的最重要"物质实体"，在人们不可或缺的物质实体中，住房往往是体积最大、价值最高、对于人的庇护性最强，以及耐久性强，甚至可能

---

① 详见孙立平：《断裂——20世纪90年代以来的中国社会》，社会科学文献出版社2004年版；《失衡——断裂社会的运作逻辑》，社会科学文献出版社2007年版。

陪伴人的终生。从消费分层的角度看，虽然衣着、穿着、首饰、用具（大件的包括汽车等）也具有消费地位、社会地位的符号象征意义，但是，如果与住房比较起来，都只能屈居次要位置。因此，在与人相联系的物质实体方面，住房的社会地位象征意义恐怕是首屈一指的。另一方面，住房使人们进入到一个比较稳定的社会网络，邻居、居住的社区、孩子就近入学的学校、附近的医院、商店、有无娱乐体育休闲设施等，赋予了住区内居民广泛的社会意义，形成了比较稳定的生活模式，而这种生活模式又具有社会经济和社会身份地位的符号意义（李强，2009）。

（2）市场转型与住房分层

随着市场化改革的深入，中国社会分层机制发生了怎样的变化一直是学者关心的问题。倪志伟（Nee, 1989：665；670）认为，向市场经济的转变将根本改变再分配经济中以权力作为分层机制的状况，产生了新的分层机制。国家在社会分层机制中的作用将相对下降，而市场在社会分层机制中的作用将相对上升。

讨论中国社会的分层机制的时候，对市场转型过程中政治资本回报下降的观点上有学者持怀疑态度。罗纳塔斯的"权力变形论"的观点、边燕杰和罗根（Bian, 1996）的权力维续论、泽林尼和科斯泰罗的"三阶段论"观点、魏昂德的"政府即厂商"理论（Walder, 1995）、林南（Lin, 1995）的地方市场社会主义的论点、白威廉和麦谊生的政治市场观点（Parish, 1996）等等都从不同视角指出，市场转型过程中国家在社会分层机制中的作用不会下降，对政治资本的经济回报将会持续保持优势。

国内学者的研究也发现，在转型期的中国，市场因素日益强烈地影响社会分层机制，国家再分配机制的作用不仅丝毫没有减弱的迹象，而且与"市场"一道同时作用于中国社会的分层机制。如郑杭生认为，计划经济中的分配权力和市场经济中的能力因素同时影响着整个社会中资源分配的平等关系（郑杭生，2004：29）。李路路则认为，市场机制的发展可以在一定程度上改变资源的分配过程，但是由国家主导的改良式变迁以及一系列制度性因素决定的阶层间相对关系模式，并没有发生根本性重组，原有的以阶层再生产为主要特征的相对关系模式在制度转型过程中仍然被持续地再生产出来（李路路，2002）。

那么，如何解释市场与国家共同作用且相互嵌入与强化的双重资源分配体制？李斌认为，既有成果对中国社会目前这种"双向强化模式"的解释力还比较微弱。之所以如此，主要是理论界还没有找到一个可以很好地把"市场"与"国家"链接起来，能够反映"双向并行强化"的载体。如果能够找到这一载体，并且通过这一载体将"双向并行"状态析离出来，形成理论逻辑，这或许是我们理解"中国经验"的关键所在（李斌、王凯，2010）。

（二）文献综述

1. 社会分层经典理论综述

社会分层研究是社会学领域中的一个最重要的研究论题。在社会分层研究的概念下，存在着很多各不相同的理论流派，它们从各个不同的方面关注一个核心问题，即社会不平等问题。

在回顾社会分层理论时，由于社会分层的主题与理论动向往往与社会变迁及社会思潮的新趋势紧密相关，因此，学者一般都会从历时性纵向逻辑来梳理理论的发展。工业社会的兴起和中产阶级的发展对马克思主义造成极大的挑战，马克思主义的追随者（Poulantzas、Wright）对传统马克思主义进行重新建构和重新解释而产生了新马克思主义分层理论；20世纪60—70年代，一些分层理论家从不同角度吸收和理解韦伯的分层理论，他们形成并发展了与传统韦伯主义多元分层取向极为不同的新韦伯主义分层理论，这一派的代表人物有安东尼·吉登斯（Anthony Giddens）、弗兰克·帕金（Frank Parkin）和约翰·戈德索普（John Goldthorpe）等；20世纪90年代以来，新马克思主义和新韦伯主义受到后工业主义和后现代主义分层理论家的挑战，在这种情况下，格仑斯基（Grusky）和索内森（Sorensen）从涂尔干主义中吸取思想，发展了他们的新涂尔干主义分层理论。这是学者梳理社会分层理论最常见的理路。除此之外，随着社会主义社会转型的发展，学者们开始关注后社会主义国家的社会分层研究（Martin King Whyte；William L. Parish）。从20世纪80年代开始，市场转型理论开始崛起（I. Szelenyi；Victor Nee；Akos Rona-Tas；Yanjie Bian & John Logan），其讨论主要集中在以"再分配经济"为基础的分层机制在市场转型中是否持续发挥作用的问题上。至20世纪90年代它不仅是社会分层研究领域而且也是整个社会学研究领域中的一个热门论题。

除从发展历程上对社会分层理论进行历时态回顾外，有学者还从横向逻辑对社会分层理论进行梳理。马尔科姆·沃特斯在《现代社会学理论》中从批判结构主义、建构主义、功利主义和功能主义视角对社会分层理论进行了梳理（马尔科姆·沃特斯，2000：344—368）；谢立中从客观主义与主观主义视角对社会分层理论进行了分析（谢立中，2008）等等。概而言之，社会分层的理论模式和概念框架日趋复杂：一是不同理论传统具有不同的范式，社会分层的理论涉及结构、机制、变迁等很多方面，自身的内容就比较庞杂，更何况不同理论传统对同一问题的解释视角又各不相同，甚至基本概念的定义都存在很大差异；二是即使在同一理论流派中，由于身处不同的历史和现实环境以及不同的社会发展阶段，学者的研究对象也在不断发生变化，其结论也很难放在同一层面上进行比较；因此，要从中理出一个较为清晰的比较分析图示的确是一项艰巨的任务。但是，撇开争论和异议，绝大多数社会分层理论的学者关注的核心问题是社会存在的各种形式的不平等，而这些不平等都无法脱离社会生产过程。在梳理社会分层理论的过程中，我们发现不同的分层理论之所以存在差别，主要是它们对不平等存在于生产—分配—交换—消费这样一个连续的社会生产链条中哪个环节，及不平等何以产生这样的问题的切入点不一样，不同的分层理论框架各自给出了不同的回答。

（1）生产视角分层理论：占有与剥削

从生产视角来解读社会分层，重要概念有两个：占有与剥削。马克思阶级理论最重要的贡献之一在于将阶级与所有制联系起来，从生产过程来寻找阶级划分的根源。马克思是以生产资料和劳动占有为标准划分阶级的。他认为，生产资料的所有权决定了阶级地位的归属，社会的阶级结构由生产过程中的产权——雇用关系决定。由于人们对生产资料的关系（占有或不占有）不同，在生产过程中的作用不同，其中一个阶级能够占有另一阶级的劳动，这就产生了剥削。社会群体由此分为资产阶级和无产阶级两大利益根本对立的阶级。"所谓资产阶级，即现代资本家组成的阶级，他们是社会生产资料的占有者，是工资劳动的雇用者。而所谓无产阶级，即现代工资劳动者组成的阶级，他们没有任何属于自己的生产资料，为了生活，只能出卖自己的劳动力"。（马克思、恩格斯，1972）由此可见，马克思的阶级理论认为，不平等产生于物质资料生产过程中，物质资料占有的不平等以及基于产权而出现的剥削是生产关系的核心内容。为此，有学者曾将马克思的阶级理论看作是一种"关系式"理论（Wright，1979）。马克思本人的核心观点是：资本主义社会的阶级结构是资产阶级和无产阶级两极分化的，阶级之间互相封闭，流动的可能性很小，中间阶级将日趋分化流入两大阶级中。马克思的二元阶级观否定了中产阶级的存在意义，这是导致他的理论遭到后人批判的主要原因。

新马克思主义者继承了马克思学说的一个重要概念——剥削，通过剥削关系来划分阶级，同时对两大阶级划分作出了一些修改，从而更符合资本主义社会发展的现状。马克思的追随者们紧扣"剥削"这一核心关系，从剥削的视角来理解社会分层。普兰查斯（Nicos Poulantzas）继承了马克思的剥削概念，但同时把阶级分析抽象化，并将剥削关系由生产过程引入政治、意识形态层面，"纯粹的经济标准不足以确定社会阶级……考察阶级在政治体系和意识形态体系中的位置是绝对必要的"（Poulantzas，1982：107）。普兰查斯在具体社会的分析中扩展了马克思的阶级类别，引入了阶层和利益集团的类别。"这些中间阶级有的属于封建残余（如农民）、有的却正在兴起（如专业技术人员和管理人员），它们是从基本阶级中剥离出来的集团（fraction）或阶层（strata）。"（Poulantzas，1982）

赖特（Wright）认为马克思主义的阶级分析框架涵盖了生产关系和交换关系，而剥削是这两种社会关系分析的基础。赖特给剥削下的定义是：剥削是"在经济方面一个阶级压制性抢占另一阶级的劳动果实"（Wright，1985：77）。在赖特看来，生产资料不是阶级剥削的唯一来源，其他资源占有的不平等同样也会产生类似于剥削的支配关系。赖特认为，在资本主义社会中，组织资产（organizational assets）和资格认定性技能（credentialized skills）就是两种产生不平等的重要资源，它们与生产资料在运行方式上具有很大的相似性（Wright，1985：147）。由此，他提出资本主义社会中存在三种剥削形式："基于资本控制、组织控制和技能（证书）控制的剥削"（Wright，1985：148）。赖特依据这三个指标提出了资本主义社会的阶级分类模式，他把资本主义社会分为三个基本阶级：建立在资本主义生产方式基础上的"资产阶级"和"无产阶级"，以及建立在简单生产方式基础上的"小资产阶级"（Wright，1978）。除三个基本阶级外，赖特还发现一些位于两个对立阶级（资产阶级和无产阶级）之间、处于矛盾位置的中间阶级。可见，赖特不再坚持生产资料占有是阶级划分的唯一标准，"在具体分析时，不能将资本主义社会视为抽象资本主义生产方式的简单体现；资本主义社会始终是一种复杂的融合，包含着多种剥削机制及其伴生的阶级关系形式"（Wright，1987）。

索伦森（Sorenson）的阶级分析框架对传统马克思主义的剥削定义加以修正，他运用广泛的产权概念将阶级建立在租金形成过程的基础上。他提出了三个层次的阶级概念：（1）"名义上的阶级"，按照收入、职业声望或社会经济地位，对阶级进行名义上的分类。（2）"作为生活条件的阶级"。具有可确认的界限与可观察的经验存在的群体。（3）作为剥削的阶级。由于人们在社会结构中占据着不同的位置，一个群体的成员与其他群体的成员产生了内在的敌对利益，占据优势地位的群体从而成为剥削阶级（张文宏，2006：95）。索伦森（Sorenson）引入产权概念来解释阶级的形成与变化。他认为，产权是人们直接或间接获得资产回报的能力，租金则是人们所控制的资产的实际价格与竞争价格之间的差价。按照是保持还是消除租金，行动者被分为剥削阶级和被剥削阶级（张文宏，2006：95）。

（2）分配视角分层理论：权力与特权

从分配视角解读社会分层，两个重要的概念就是"权力"与"特权"。从这一视角来研究社会分层的学者关注的是权力模式所产生的不平等结果。马克思恩格斯关于分配理论的基本假设是，分配制度的特性在本质上是生产制度的一种结果（格伦斯基，1988：18）。格尔哈斯·伦斯基阐述了分配过程中的两个重要规律：一是"人们分享劳动产品所要达到的程度，要能保证那些其行为对他们自身是必不可少的或者是有益的那部分人的生存和生产力的延续"。这一规律的前提假设是，人们的行为动机"来自自我利益或党派集团的利益"，而且"这种本质上的自私利益只有通过与他人建立合作关系才能得以满足"。因此，这一规律被用于满足基本生活需要的产品分配过程中，人们为了维持生产而进行必要的合作关系（格伦斯基，1988：58）；二是当剩余产品产生后，权力成为了决定产品分配的关键性要素，"权力将决定几乎所有的由社会所拥有的剩余产品的分配"。而且，随着技术的进步，在可提供给社会的商品和服务中，在权力的基础上进行分配的部分将会日趋增加，即剩余产品越丰富，"权力在分配过程中的重要性也就越大"（格伦斯基，1988：58）。

格尔哈斯·伦斯基按照韦伯的观点，将权力定义为个人或集团在即使遭到他者反对时都能贯彻其意志的可能性（格伦斯基，1988：58）。他指出，权力将自己表现为两种基本的形式，强力和制度化权力。后者又可被分为职位的权力和财产的权力（格伦斯基，1988：94）。米尔斯（C. Wright Mills）认为，权力并不是作为一个系统的社会设施，也不是代表该社会执行功能的设施。而是完全被理解为这样一种设施，它使一个群体（即权力的持有者们）通过阻止另一群体（即权力持有者群体以外的"人们"）去获取想要得到的东西，而以此来获取他们自己想要得到的东西（格伦斯基，1988：24—25）。莫斯卡（Gaetano Mosca）指出，人类社会如果没有政治组织就无法发挥作用。政治组织必然要包含权力上的不平等。人们总是分为两个阶级的——"一个统治阶级和一个被统治阶级"，从经济的角度看，统治阶级也就是一个特权阶级（格伦斯基，1988：21）。伦斯基认为，在生活必需品的分配上，努力工作、他人托付等在权力与特权的获得方面起主要作用；而在剩余产品的分配上，强力、欺骗和继承权等在权力与特权获得方面起主要的影响（格伦斯基，1988：462）。

通过再分配权力来解读国家社会主义社会分层结构的分层理论实际暗含了这样的理论假设：制度化结构对社会分层体系产生影响，不同的制度化结构会产生不同的社会分层体系。卡尔·波兰尼（Karl Polanyi）从经济学角度区分了"再分配经济"和"市场经济"中不同的资源配置方式，并指出再分配和市场是两种完全不同的经济制度：市场经济是一个由价格、而且是市场价格来引导的经济，是一个自律性的市场制度，它不依赖于外部的帮助或干涉而自行组织整个经济生活，生产者与消费者之间直接通过市场交易而发生横向联系。而再分配经济的分配过程表现为一种政治权力的行使，在再分配过程中，直接生产者与消费者之间缺乏横向联系（Polanyi，1944：243—270）。波兰尼认为，社会主义国家中，虽然个人之间的工资差别不大，但如果考虑到经济剩余的再次分配过程，各种以住房、福利、价格补贴等方式表现出来的非工资性收益，却在官僚和技术工人之间表现出很大的不平等。因此，在社会主义国家，再分配权力是获取优势资源的先决条件。

20世纪80年代以来，苏联、东欧和中国所发生的一系列重大社会变革则上演着从再分配经济向市场经济转型的一幕。在此背景下，学者开始探索新的理论解释范式。科尔奈（Janos Kornai）通过"短缺经济"和"软预算约束"来理解社会主义经济的独特运作过程；撒列尼（Ivan Szelenyi）开始面对东欧的市场转型及其后果。他认为，在不平等是由市场造成的社会中，由国家进行的再分配会降低不平等的程度；而在再分配占支配地位的社会中，不平等程度的降低只有依靠更多的市场机制；倪志伟则将撒列尼的再分配经济的概念和基本假设加以扩展，从而形成了市场转型理论（A Theory of Marke Transition）。围绕市场转型理论，学术界形成了观点截然相反的两派，即"市场转型/精英再生论"，以伊万·撒列尼（Ivan Szelenyi）、倪志伟（Victor Nee）为代表，以及"权力持续/精英循环论"，以阿科斯·罗纳塔斯（Akos Rona - Tas）、魏昂德（Andrew Walder）、边燕杰和约翰·罗根（Yanjie Bian & John Logan）等学者为代表。

（3）交换视角分层理论：市场与生活机会

从交换视角解读分层，重要的概念是"市场"与"生活机会"。在市场经济制度下，产品成型之后被投入市场，市场成为资源配置的主要手段。在经典的分层理论家中，韦伯是将市场因素纳入理论框架的先驱。韦伯认为，社会阶层差别的产生及其在收入上的利益冲突是在市场交换中产生的，市场是由权力关系构成的，讨论分层的关键概念是生活机会。生活机会的差别是所有权的不平等和对市场资源控制机能的不平等造成的。他承认财产权是确立阶级的首要基础，但他定义的"阶级"是指"共同享有某种生活机会的人"。他认为由财产占有所决定的"阶级"概念只是一个初级的基础范畴，并不是共同行为和阶级利益的基础，而真正导致这种共同利益和行为的，归根到底是由市场机会所决定的生活机会。因此，对于个人来说，市场机会的占有状况决定了个人阶层地位的归属，"阶级处境就是市场处境，纯粹的财产占有……仅仅是'阶级'形成的初级阶段"（Weber，1982）；而对于整个社会来说，差异巨大的市场处境以及彼此封闭的流动渠道构成了社会的阶级结构。

新韦伯主义者们继承了韦伯理论的多维度分析特征，但新韦伯主义者们更加关注经济、社会生活中存在的分割性结构因素对于社会封闭的重要作用（Parkin，1979）。吉登斯（Anthony Giddens）认为，"阶级的结构化滋长到相当程度后，市场能力的任何具体形式都具有了某种程度的封闭"（Giddens，1973：107）。他所指的"市场能力"是指生产资料所有权、受教育程度、技能资格证书等……正是这些因素"构筑了资本主义社会的基本阶级：即上层阶级、中层阶级和下层阶级（或称工人阶级）（Giddens，1973：167）。"弗兰克·帕金（Frank Parkin）认为"职业秩序是阶级结构的基石，其实也是西方社会整个报酬体系的基石"（Parkin，1971：18）。帕金用"社会封闭"（social closure）概念来分析当代资本主义的社会关系和阶级关系。他指出，社会封闭是通过排他（exclusion）和内固（solidarism）促进社会结构的形成。约翰·戈德索普（John Goldthorpe）认为，描述就业关系中的差异是理解现代社会阶级结构的最好方法。戈德索普的阶级分类模式融合了市场处境和工作处境两方面的特征。市场处境包括收入水平及就业、职业保障、晋升等方面的条件，而工作处境则包括各种组织资产（权威与自主程度）（Goldthorpe，1987：40—43）。皮奥里（Piore）认为，资本主义的劳动力市场具有二元性，它不是统一的，而是分割为初级部门（primary sector）和次级部门（secondary sector）（Piore，1975）。

（4）消费视角分层理论：生活方式

从消费视角理解社会分层，一个重要概念就是"生活方式"。马克思从消费视角对阶级进行过分析。他在分析法国农民阶级时指出，"既然数百万家庭的经济条件使他们的生活方式、利益和教育程度与其他阶级的生活方式、利益和教育程度不相同并互相敌对，所以他们就形成了一个阶级"（马克思，2001：1000）。马克思把消费看作是社会关系的外化。韦伯认为，以声望和生活方式为标志产生的是地位群体。"地位群体是一套习俗制度（conventions）的专门拥有者。也就是说，生活的全部'风格化'（stylization）来源于地位群体，或者，至少可以说，表现于地位群体"（Weber，1968：937）。桑巴特强调资本主义的奢侈本性，认为奢侈品消费的增长是资本主义发展的决定性因素，奢侈为资本主义生产创造了市场。在前资本主义时代，封建贵族优越身份通过体面的生活方式体现出来，"体面只适合于花钱而不适合于挣钱"（桑巴特，2000：81—83）。齐美尔认为时尚具有等级性，每一种时尚在本质上都是社会阶层的时尚。只要存在时尚的地方，它们无一例外地被用于展现社会的区别（齐美尔，

2002：374）。齐美尔指出，时尚是开放的、流动的。"一个阶层越是接近其他阶层，来自较下层的对模仿的寻求与较上层的对新奇的向往就会变得越加狂热"（齐美尔，2001：74）。凡勃伦认为，消费是阶层的标志。"要获得尊荣，仅仅保有财富或权力还是不够的，有了财富或权力还必须能提出证明，因为尊荣只是通过这样的证明得来的（凡勃伦，1964：31）"。这种证明就是通过炫耀性消费、代理消费等来实现的。

"二战"后，特别是从20世纪60—70年代以来，西方发达资本主义国家开始进入以消费为中心的"消费社会"新阶段，在现代的消费社会中，"物的消费"已经过渡到"符号消费"，在这样的社会背景下，消费已经从一种单纯的行为变成一种具有抽象的符号意义的文化，消费行为已经表现为一种体现生活方式的文化特征。萨林斯、布西亚及布迪厄等对物品及消费的社会意义进行了探讨。

萨林斯认为，物品的使用价值与交换价值都是象征性的。"使用价值不能单单在'需要'和'需求'的自然层次来理解——确切地说是因为人们并不仅仅生产'住所'或'住处'：他们生产的是一定种类的居室，是农民的窝棚，或是贵族的城堡。使用价值的这种决定作用，……体现了社会生活的连续过程，在此过程中，人们以互惠的方式通过他们自身来确定对象，通过对象来确定他们自身"（萨林斯，2002：219—220）。布西亚认为，"所有的人都以他拥有的物品来决定他的地位"（布西亚，2001：217）。他把物品及其消费看作是"生产和驾驭社会符号的逻辑"（波德里亚，2000：48），是一种社会关系的再生产。布迪厄在《区分：鉴赏判断的社会批判》中也论述了消费与阶层、社会等级体系之间的关系，他认为鉴赏趣味具有标志社会等级的功能。消费文化的高雅和低级的区分，是一种阶级现象，它们通过提供成员资格的符号标记，使阶级成员实现阶级再生产（Bourdieu，1984）。

从上面的讨论中，我们发现了社会分层研究的结构主义与主观主义取向。从生产、分配、交换三个过程来分析社会分层的理论虽然有的关注财产结构、有的关注权力结构、有的关注市场结构，但是他们都将分层视为一种社会事实，一种实在的结构，个人的阶层地位取决于在结构中所占据的位置。因此，它们具有比较明显的结构主义取向。

而从消费过程来分析社会分层的理论具有主观主义取向。我们发现，阶层是通过差异性的消费文化人为地建构出来的，阶层间的差别不是物质性的而是象征性的。个人的生活方式是阶层划分的基础，即使拥有同样的消费能力，但是如果在不同的消费文化影响下作出了不同的消费行为，那么阶层归属同样会不同。因此，消费视角的社会分层理论则具有很强的主观主义取向或者说"文化取向"。

2. 分层视野中的住房不平等研究

（1）马克思主义学派与住房不平等研究

① 恩格斯与住房不平等研究

马克思主义关于住房不平等的研究主要体现在恩格斯的《论住宅问题》这一著作中。恩格斯在著作中阐述了资本主义社会住房短缺问题，并分析了住房短缺的原因，提出了解决住房短缺的办法。他认为工业革命带来了人类历史上最严重的住房差异，工人阶级住在恶劣的、拥挤的、不卫生的住宅中，而资产阶级则住在宽敞、优雅、舒服的高楼大厦中。恩格斯从生产资料所有制和阶级出发分析了这一现象，将资本主义的住房短缺问题归结为资本主义社会的必然结果。

恩格斯对住房问题的探讨，是在与小资产阶级的蒲鲁东主义者提出的解决工人阶级住房问题的各种办法的论战中展开的。恩格斯阐述了资本主义住房短缺问题。他认为，当时的住房短缺问题，并不是说工人阶级一般总是住在恶劣、拥挤、不卫生的住宅中。这种住房短缺并不是现代特有的现象。而是指本来就很恶劣的工人的居住条件因为人口突然涌进大城市而特别尖锐化；房租大幅度提高，每一所住房更加拥挤，有些人简直无法找到住所。这种住房短缺不只局限于工人阶级，而且也伤害到小资产阶级（马克思、恩格斯，1964：237—238）。

恩格斯也阐述了资本主义住房短缺产生的根源。他指出，住房短缺是资产阶级社会形式的必然产物；这样一种社会没有住房短缺就不可能存在，在这种社会中，广大的劳动群众不得不专靠工资来过活，也就是靠为维持生命和延续后代所必需的那些生活资料来过活；在这种社会中，机器等等的不断改善使大量工人失业；在这种社会中，工业的剧烈的周期波动一方面决定着大量失业工人后备军的存在；另一方面又时而把大批失业工人抛上街头；在这种社会中，工人大批地壅塞在大城市里，而且壅塞的速度比在当时条件下给他们修造住房的速度更快；所以，在这种社会中，最污秽的猪圈也经常能找到租赁者；最后，在这种社会中，作为资本家的房主总是不仅有权，而且由于竞争，在某种程度上还应该从自己的房产中无情地榨取最高的房租。在这样的社会中，住房短缺并不是偶然的事情，它是一种必然的现象（马克思、恩格斯，1964：263—264）。可见，恩格斯以阶级分析的视角将资本主义社会出现的住房问题看作是腐朽的资本主义制度所带来的必然结果，资本主义生产资料私有制是形成住房不平等现象的根本原因。

恩格斯还阐述了解决住宅问题的办法。他坚决批评和反对蒲鲁东主义者主张的"把工人变成自己住宅所有者"。他认为，蒲鲁东主义者们的这种主张，掩盖了无产阶级和资产阶级对立的本质。这种解决住宅问题的办法对工人阶级是不利的，其原因有二：一是对于城市工人说来，迁徙自由是首要的生活条件，而土地所有权对于他们只能成为一条锁链。如果让他们有自己的房屋，把他们重新束缚在土地上，那就是破坏他们反抗工厂主压低工资的力量。个别的工人也许偶然能卖出自己的小屋子，但是在发生重大罢工事件或者工业总危机的时候，一切被这种事变牵连的工人的房屋全都会交到市场上出卖，因而这些房屋或者根本找不到买主，或者卖得远远低于成本（马克思、恩格斯，1964：267—268）。二是假定在某个工业地区里每个工人都有自己的小屋子，工人阶级便免费享用住房，但归根到底会引起工资的相应降低。也就是说，工人住自己的房屋还是付了租金，不过不是像以前那样以货币形式付给房东，而是以无酬劳动形式交给他为之做工的厂主。于是，工人投在小屋子上的储蓄确实会成为某一种资本，但不是归他自己所有的资本，而是归那个雇他做工的资本家所有的资本（马克思、恩格斯，1964：269）。

恩格斯认为，住宅问题，只有当社会已经得到充分改造，以致可能着手消灭城乡对立，消灭在现代资本主义社会里已发展到极端地步的对立时，才能获得解决。资本主义社会不能消灭这种对立，反而不得不使它日益尖锐化。并不是住宅问题解决的同时就会导致社会问题的解决，而只是由于社会问题的解决，即由于资本主义生产方式的废除，才同时使得解决住宅问题成为可能。想解决住宅问题又想把现代大城市保留下来，那是荒谬的（马克思、恩格斯，1964：271—272）。

恩格斯对于住房问题的研究第一次明确将住房和社会不平等问题联系起来，使对于住房问题的研究有了全新的视角和意义。其后马克思主义学派的学者也循着这条思路通过对资本主义制度本质的进一步分析，对资本主义城市和住房问题作出了深入的研究。如哈维认为，城市与住房建设是资本家需要不断扩展市场的结果，其最终得益者并非一般小市民，而是财雄势大的资本家。

②新马克思主义与住房不平等研究

新马克思主义的主要代表人物卡斯泰尔（Castells）运用集体消费理论对城市住房不平等进行了探讨。卡斯泰尔认为，城市作为一个集体消费的单位，我们可以在集体消费的过程中看到当代资本主义的矛盾、冲突、发展和演变。

卡斯泰尔认为，在当代发达资本主义社会的城市中，存在着劳动力的再生产与再生产劳动力必要消费品供给之间的矛盾。表面看来住房的供给是与个体的收入水平相关联的，但实际上住房分配的不平等更多的渗透着经济与社会因素的影响作用（蔡禾，2003）。而资本主义制度的本质要求政府保护私人资本，政府不可能强迫私人资本流向具有福利性质的公共领域，为了保证劳动力再生产，政府必须承担对用于再生产的社会必需品——住房，这一集体消费品的生产和管理进行干预的责任，也就是向市场能力较差的部分群体提供公共住房（蔡禾，2003）。

卡斯泰尔认为，集体消费品对于当代资本主义城市有效的劳动力再生产和社会关系再生产的作用越来越重要。由于投资这些消费品能够带来的利润远低于平均利润，因而私人资本不愿意供给这些产品。如房屋开发商等建房考虑的是交换价值、利润的回报，而消费者考虑的是使用价值是否满足需求。低收入的人是住不起价钱高昂的住房的，而他们的住房问题又是保证城市运转的必需品，在这种情况下，消费只能以国家供给的形式变成一种集体性的活动。但是，政府支付了劳动力再生产的成本，而私人资本获取了这些劳动力创造的利润。其结果是，政府在集体消费领域内承担的责任越多，增加社会供给越多，政府本身的财政就越不平衡，最终导致政府的财政危机。

卡斯泰尔研究指出，在资本主义社会中个体能否获得公共住房除了受私人资本对有限公共资源分配的影响外，还与个体进入商品房市场的限制要求有雷同之处（蔡禾，2003）。而且卡斯泰尔还指出，个人获得公共住房还必须具备"在公共援助的科层网络中办事的能力，这是一种由社会决定的文化习得"，这种能力是"适应某种由占统治地位的价值观决定的行为模式能力"（蔡禾，2003：153）。这实际上是对个体社会整合程度的一个要求。由此卡斯泰尔得出结论："因为进入市场的能力不足，住房不平等被各个阶级、各个社会层次所遭受到的来自于公共住房生产与管理的经济、制度、文化机构的不平等待遇所强化"（Castells，1978：24）。卡斯泰尔反对用行动个体的主观性来解释城市过程，认为这些观点都是以先验性假设为前提的。在住房问题上，结构要素是导致住房不平等现象的决定性因素，并且这种不平等是嵌入在资本主义社会结构当中的。政府只能在既定范围内对这种不平等作程度上的减轻处理，而不能在资本主义制度下消除这种公共住房分配的不平等现象。

（2）韦伯主义学派与住房不平等研究

①雷克斯与摩尔（Rex and Moore）的"住房阶级"理论

雷克斯与摩尔于1967年合作出版了著作——《种族、社区和冲突》，其中对住房阶级（housing class）的论述堪称经典。雷克斯与摩尔通过对英国工业城市伯明翰一个内城区斯巴布鲁克（Sparkbrook）的住房与种族关系的经验研究，提出了住房阶级理论。他们试图用人类学和韦伯的阶级理论去分析一个城市中各个社会群体争取有限资源的情况。雷克斯与摩尔发现城市在某种程度上拥有一个趋于一致的价值判断倾向，即人人都希望入住环境清静，远离烦恼的高尚住宅小区或郊区。于是，人们把拥有郊外住房视为市民身份和地位的象征，普遍怀有迁居郊外的愿望。这就使郊外住房成为一种稀缺资源，而获得这一稀缺资源的途径在城市居民中的分配是不平等的。于是，有限的城市资源导致了激烈的竞争。了解获得稀缺住房资源的途径以及住房在城市人口中的配置状况成为理解城市生活机会分配的关键所在。个人获得稀缺的住房资源主要是通过市场竞争机制和科层制的分配机制两种途径。在伯明翰，个人能否获得稀缺的郊区住房受制于当地政府制定的两项标准：一个是个人的收入水平及收入保障，即个人的市场能力；二是对申请政府兴建的公共住房资格的认定，即社会政策设置的壁垒。白人的中产阶级因为经济和政治权力较优，可以通过自由市场购买郊区的优质住宅；白人中的工人阶级虽然没有足够财力买房，但他们仍然可以通过国家的官僚制度，如住房部、福利署等获得居住环境较好的优质公屋；其余的"边缘住户"如黑人、失业者、单亲家庭等便没有那么幸运，他们被迫居于一些贫民区（Rex，1967）。

雷克斯和摩尔认为城市资源的竞争过程，就像社会领域内的阶级斗争一样，会形成不同的阶级。而"住房阶级"的划分也有别于生产领域内的阶级斗争。他们认为，根据人们的住房处境不同，可以将城市居民划分为五种住房阶级，从最好的处境至最差的顺序为：1）通过现金购买方式拥有属于自己的住房并住在最令人满意地区的居民；2）通过信用贷款方式拥有属于自己的住房并住在最令人满意地区的居民；3）住在政府兴建的公共住房的居民；4）通过抵押贷款等方式拥有属于自己的住房，但却住在不太令人满意地区的居民；5）租住私人住房，住在不太令人满意地区的居民（蔡禾，2003）。雷克斯等认为，城市内质量不同住房的取得，并不仅仅是由经济因素决定的，也是一个经由市场机制和科层官僚制运作过程的产物。国家与私人资本对城市住房的投资，促成了"住房市场"的兴起，对于不同住房的拥有，就产生了不同的"住房阶级"（夏建中，1998）。

雷克斯和摩尔的"住房阶级"理论从冲突论的视角关注了住房在阶级形成中的关键作用，具有一定的创造力和解释力，但这一理论引起了学术界较大的争议：第一，马克思主义者认为，社会阶级是基于生产关系的，住房处境不是生产关系，因而不会形成阶级。并且住房的形式——或租屋或买楼——都只不过是消费的模式，并不会改变一个人的阶级位置。作为一个消费者，或租或买，都是被大地产商、大房产商等资本家所剥削的（顾朝林，2002：171）。第二，韦伯主义者认为，住房只不过是社会不平等的来源之一而已，传统理论中决定阶层分化的主要因素如教育、收入等也影响住房资源的取得能力，仅用住房形式对阶层结构进行划分的方式过于简单和粗糙，分析力也不强。第三，"住房阶级"的理论假设存在置疑。在雷克斯和摩尔的理论中，有一个关键性的假设，即"郊区住房是竞争的目标，也是稀缺的资源"，对这种稀缺资源的竞争正是产生种群冲突的基础。然而，是否所有的居民都把郊区住房作为追求的目标？是否所有人都宁愿买房而不愿租房，认同住房所有权要优于租赁权？由此可见，这一假设背后隐藏着一个强有力的价值系统是否存在的问题（许秉翔，2002）。第四，住房能否被视为塑造社会阶级结构的关键性因素，这成为学者争论的主要议题。普拉特（Geraldine Pratt）认为，住房所有权构成了中产阶级的基础（Hanson，1995）；索恩（David Thorns）对此表示赞同，并强调中产阶级内部住房也存在分化现象（Thorns，1981），房地产价格飙升造成的财富重新分配，是形成住宅阶级的重要力量。与他们的意见相反，威廉姆斯（Peter Williams）和波尔（Michael Ball）反对将住房视为社会过程中的因素（Williams，1986）。贝尔（Colin Bell）认为，要证实住房阶级是否存在，必须弄清两个问题：一是住房引起的阶级斗争是否能够独立于劳动力市场加以分析？二是如何确认住房阶级意识？"住房阶级"理论正是由于存在很大争议，因此并未在学术界造成很大影响。

② 桑德斯（Saunders）的住房阶级观

桑德斯（Saunders）认为，现代社会的分层并不是像马克思主义者所说的那样简单地划分为资产阶级与无产阶级，而是像韦伯所说的基于人的市场状况、是否拥有住房、土地等划分为不同的阶级。其原因有三，一是住房是代表财富增长的一个非常重要和有效的指标；二是住房所有者具有同质性的经济利益和政治利益；三是住房所有权反映了消费部门的差异，而这种消费方面的差异比阶级分析法中生产方面的差异更能反映资本主义社会分化的现实状况（Saunders，1984）。在现代社会中，可以按照个人的住房状况划分为不同的住房阶级。

桑德斯认为，在现代社会，住房阶级越来越重要，甚至比基于职业划分更能准确地划出现代社会的分层状况。换句话说，在这种情况下，观察一个人的住房状况比留意他的工作更为重要。桑德斯的这个论说可以进一步引申到住房阶级比社会阶级更能有效地估计一个人的政治倾向。以英国的议会选举为例，住房阶级地位对其投票倾向就具有影响力。租住公共住房的市民倾向于投工党一票，而拥有私房者则将票投向保守党（Saunders，1978）。

桑德斯认为，以往的阶级分析理论过于强调生产方面，在劳动力市场上生产层面的阶级分化是来源于对产品的所有权和控制权，而忽略了消费的作用，在消费市场上的阶级分化则是来源于个人所有权的差异。因此，桑德斯的分析主要集中在住房所有权方面，他将住房来源分为两类：私人所有（personal ownership）和集体供给（collective provision）。因此，居民也根据住房所有权的不同分为有房者和租房者。在房价上涨时期，拥有住房所有权的房主拥有累积财富的机会，当房地产具备优于其他投资工具的投资回报时，有房者和租房者增加财富的机会明显不同，以至于在消费、储蓄、投资的形态和数量上呈现出差异，住房所有权因此成为社会不平等的来源之一（Saunders，1984）。但桑德斯又指出，"住房所有权既不是阶级分化的基础，也不是阶级分化的表现，只是决定消费部门差距的最重要因素"。可见，桑德斯的理论架构是对住房阶级理论的修正和发展。

③ 帕尔（Pahl）"城市经理人"理论

帕尔的"城市经理人"理论在雷克斯与摩尔的"住房阶级"理念的基础上，进一步剖析了城市资源分配的内在历程。

帕尔认为，在城市空间有限及资源短缺的情况下，资源分配必然会导致很多冲突和不公平问题。城市空间是重要的社会资源，居住在不同的地区，可能享用不同程度的城市资源。居住于高尚住宅区的中上层人士享有良好的居住环境，完善的社区设施，他们得到的社区资源要比居住在贫民窟的下层市民为多。这样会使社会不平等或贫富悬殊问题进一步恶化。

帕尔借用韦伯理论指出，城市资源的分配并非完全取决于自由市场，部分资源是通过政府的科层制架构如住房署等实现分配的。如入住公房并不依据你在私人市场中的价值高低来决定，而是通过住房署这个科层系统，分配给低收入或最需要的住户。在这个分配过程中，有很多城市经理作为影响资源分配的因素。帕尔认为这些科层制度内的经理人，也不完全听命于中央，他们也有价值倾向和意识形态，他们各自争取推出自己的计划，或试图达到自己的目标，并对城市资源分配造成一定影响，可能会强化或减弱现存的社会不平等（顾朝林，2002：167）。

3. 中国城市住房分层研究述评

社会学界关于中国城市住房问题的研究，可以明显地分为两个阶段：第一个阶段是在住房体制货币化改革前，社会学界关注的焦点是批评福利分房制度的弊端并提出废除福利分房和住房双轨制，实行住房体制货币化改革的必要性与迫切性（孙逊，1987；毕建国、林成策，1988；顾云昌，1990；陈高潮、张雯蕊，1994；马伯钧，1995；边燕杰等，1996；辜胜阻、李正友，1998；田秋生、牛景海，1998；尹伯成、史庆文，1998 等等）；第二阶段是在住房体制货币化改革之后，社会学界的注意力集中到住房分层的研究。现将住房分层研究的文献从三个角度进行梳理：一是住房分层现状研究；二是住房分层机制研究；三是住房分层后果研究。

（1）城市住房分层现状研究

目前，学界主要从理论层面和实证层面对住房分层现状进行研究与探讨。理论层面，有学者根据住房需求将居民划分为七个住房阶级：第一级是不积极的富有者，他们占有大量住房，但只是将其视为一种财产贮藏手段。第二级是积极的富有者，他们视住房为财富增值的手段，对政策调控十分敏感。第三级是住房财富的依附者。他们的财富来源主要是经营房产业，或是利用金融杠杆炒房，或是依赖住房中介服务。第四级是已经满足住房需求者。房价的涨跌对他们来说只有符号意义。第五级是对住房的积极需求者。他们自住房需求和改善性需求还未得到满足。第六级是住房有条件需求者。这些人士经济实力有限，更指望社会保障性住房政策的出台。第七级是住房需求无望者。他们有着强烈的住房需求，但只能在租赁市场上寻求解决（张曙光，2010）。也有学者以房价作为阶层分化的标准，将居民分为"盖房阶级""炒房阶级""有房阶级""公房阶级""农房阶级"和"无房阶级"（徐子东，2010）。

实证层面，有学者基于北京市一个区的调查，根据住房地位差异将居民群体划分为六种住房地位群体：即商品房户、回迁房户、单位房改房户、简易楼住户、廉租房户、传统私房户（李强，2009）；有学者以青年职工为研究对象，根据住房状况将兰州市青年职工整体上划分为三个阶层：有房阶层、借房阶层和租房阶层（张俊浦，2009）；有学者则只是将住房这种居住资源作为生活资源分层的重要因素，对武汉市城市居民划分为贫困阶层、温饱阶层、中间阶层、小康阶层、富裕阶层（刘祖云、戴洁，2005a）；还有学者基于2006年的社会综合调查数据，根据住房条件、住房产权、住房区位等进行潜类分析，将城镇居民分为五个潜在类别群体：居住于高房价高档社区的中青年白领阶层、居住于中上房价的中高档社区的中青年技术工人、居于中等房价中档社区的中老年下岗或退休群体、居住区位分化的中青年自雇者及产业工人和居于低房价低档社区的中老年失业群体（胡蓉，2010；刘祖云、胡蓉，2010）。

(2) 城市住房分层机制研究

我国住房体制改革，住房由福利成为商品，城市住房资源配置方式和分配逻辑发生了根本变化。这引起学者的普遍关注。已有的关于住房分层机制的研究主要有两种研究取向：个人主义与结构主义的取向，很多学者试图综合这两种解释取向。

首先，个人主义取向强调个人的住房状况建立在经济资本、人力资本和政治资本等个人基本特征的基础之上。如宇宙认为，职业类型和受教育程度对住房分配的影响日趋显著，在住房市场的形成中，人口因素和制度因素比经济因素对住房消费与居住行为的影响更加显著（宇宙，2006）。2000年，一项关于广州的实证研究发现，进入商品房市场购房的居民一般都有更高的收入和更好的职业。但同时，一些职业地位较低的人，比如说个体户和小贩也有可能购买商品房（Lee，2000）。有学者研究证实，在住房获得与家庭收入之间存在一种正相关性（Pudney、Wang，1995）。刘精明指出客观的阶层位置与居住模式分化之间具备一致性，即职业好、收入高和教育程度高的社会群体将很有可能居住在较好的社区和较高的社区地段（刘精明、李路路，2005）。王海涛等则比较分析了北京、上海、广州和重庆四大城市居民社会人口因素同住房市场化水平之间的关系，指出户主出生队列、行列和职业则是影响城市居民住房市场化的主要因素（王海涛、任强、蒋耒文，2004）。周运清认为，在住房资源的分配过程中，由于货币支付能力以及购房准入机制差异的客观存在，不同层次的城市居民获取住房资源的机会与能力不尽相同，城市居民的住房分化呈现出逐渐扩大的趋势（周运清、张蕾，2006）。李喜梅利用职业的分层标准对不同职业群体的住房水平进行比较分析，发现不同的职业对应着不同的住房水平，职业之间也存在着明显的差异（李喜梅，2003）。王宁等认为，住房获得模式从福利分房向货币买房的转变，意味着普通工薪白领不得不通过融资而获取住房，融资能力差异也是住房分化的重要因素（王宁、张杨波，2008）。边燕杰指出，社会阶层的分化在住房产权、住房面积和住房质量三个方面均有所体现。专业精英和管理精英在住房产权、住房面积和住房质量三方面都优于非精英群体（边燕杰、刘勇利，2005）。李斌从个人的位置能力和市场能力两个角度探讨了个人获取住房利益的具体方式。其中，他认为我国城市单位职工的位置能力分为两方面，一是获取资源的能力；二是个人在单位中的位置能力（李斌，2004）。刘欣根据2003年武汉市的抽样调查数据，将住房面积和是否购房作为因变量来衡量住房的不平等状况，以教育、政治身份、阶层、职务等作为自变量，并特别加入了"寻租机会"这一自变量，考察其对于住房平等的影响。结果显示，基于权力衍生论的主要自变量比已有研究所使用的自变量，对住房面积的不平等有更强的解释力。总而言之，由再分配权力和寻租权力共同组成的公共权力差异是造成城市住房不平等的重要机制（刘欣，2005）。

其次，结构主义取向则强调结构变量如住房政策、单位制度等对个人住房状况的决定作用。其中，有学者强调住房政策对住房分层的重要影响。李斌认为，我国二十多年来的住房政策改革的重要后果是，政府原有的福利分房体制同现有的货币购房体制双重逻辑共同主导了我国目前城市居民获取住房渠道，结果是住房领域出现了与不同社会群体利益相一致的分割（李斌，2002c）。他还认为，中国城市内部的弱势群体既被现行的劳动力市场所排斥，又被政府所推行的各项住房改革政策所排斥，结果使得这部分弱势群体的住房条件在房改过程中并未得到有效改善（李斌，2002b）。朱亚鹏认为，在住房货币化政策执行过程中形成了两种模式：渐进改革模式和全面改革模式。采纳渐进改革模式的城市的房改工作虽取得了一定的成效，但住房不公平进一步扩大，房价飙升更加恶化。在实行全面改革模式的贵阳，住房改革既关注社会公平，又注重经济效率，不仅缩小了住房不公平，还为解决企业房改的难题提供了可行的解决办法（朱亚鹏，2007）。张杨波认为，市场能力（收入）尽管是社会成员获取住房资源的主要依据，但当地政府提供的住房政策也会分化各类住房群体（张杨波，2007）。陆学艺认为，市场力量和体制因素共同影响着不同阶层的消费支出，住房支出作为消费支出的大头，受住房福利制度的影响较大，在控制了其他因素的影响后，阶层地位高者，实际住房支出并不高。他指出，住房消费的分化在很大程度上反映了社会结构分化的状况。由于我国收入分配体系的不健全，与特定阶层地位相联系的各种制度化的和非制度化的收益并不都能在收入中体现出来，一些阶层虽然收入不高，但是住房消费未必低，从某种程度说，住房消费的分化要比收入的分化更大，且这种分化主要来自于市场经济的力量（陆学艺，2002c）。

也有学者认为，单位制度对住房分层作用突出。我国城市住宅市场存在多重分割（Li，2000；李斌，2002a），政府和单位在城市住宅分配中有很重要的作用（Zhang，2002）。边燕杰等指出，单位在住房分配中的角色几乎没有改变，仍承担着提租的最终责任，是公共住房建设的重要力量。随着住房市场双轨制的形成，单位在职工和住房市场之间充当了中介的角色（Bian，1996）。罗根（Logan）等对广东中山市住房改革的案例研究揭示，虽然住房改革已经将住房重新定义为一种商品，但是大多数职工仍然要依靠国家（单位）获得补贴性住房，主要原因在于社会上缺乏他们能够负担得起的住房（Zhou、Logan，1996）。单位进入住房市场并且在培育住房市场的过程中成为主要的参与者（Logan、Bian，1999）。直到20世纪90年代后期，大多数商品房都出售给了单位。对于货币化改革之前的城市居民而言，商品房市场仅仅是他们获得住房的一个较为次要的渠道，单位在向职工提供住房福利方面仍然发挥着举足轻重的作用（Fu、Tse、Zhou，2000）。另外，单位并非是住房市场上的理性主体。单位进入市场在某种程度上造成一个扭曲的住房市场：迅猛攀升的房价，住房供应和居民需求的不匹配（Zhang，2000）。大致上说，随着改革的进行，单位在住房分配上的作用，不但没有减轻反而进一步加剧（Logan、Bian，1999；Zhu，2000）。

最后，有学者综合个人主义与结构主义取向，对住房分层机制进行了研究。如陈志柔利用1998年在上海和武汉两地的入户调查资料，分析了处于市场化改革不同阶段的地区住房分层机制的差异。研究显示，从住房面积的分配来看，家庭人口、大专教育、单位等级对居民住房面积有影响力，而上海和武汉并无明显的地区差异。单位等级的影响力，代表了组织资源和再分配制度的运作，显示了平均主义和官僚机制在分配住房资源上的持续作用（陈志柔，2000）。黄友琴（Huang Youqin）使用1996年全国生活历史与社会变化调查数据和1999年选取的北京、重庆和江阴三城市抽样调查数据，运用多元Logistic方法分析了家庭社会经济特征（户主年龄、学历、婚姻、家庭规模、从业人数、家庭收入、生意）、制度因素（单位级别、个人职务、工龄、户口等）、地区变量（商品价格）对住房产权和住房类型的影响。研究显示，户主年龄、家庭规模大小以及收入对住房产权的获得有影响，这一点和西方的实证研究发现是相同的。然而，由于住房和单位之间的特殊关系，婚姻状况、家庭中工人的数量对住房产权的影响则与西方完全相反。总而言之，转型时期中国家庭的住房选择不仅受到家庭特征和住房市场的影响，同时也受到户主在住房分配体系中的制度性位置的影响（Huang，2001）。

（3）城市住房分层后果研究

①住房分层与社会不平等

有学者研究指出，住房分层导致新的社会分层秩序，引发新的社会不平等。如李强等认为，在城市住房体制的改革过程中，将实物分配制度下形成的基于权力和身份的住房不均等结构从产权上固定下来，这不仅维续并再生产了改革前形成的住房分层秩序，而且构建了一种新的基于财产的住房分层秩序（李强，2009）。李强还认为，在社会分层的社会里，住房就具有了地位符号和地位象征的含义。我国在市场化的房屋体制改革以后，房屋或房产已成为居民的重要财产、资产，出租和出售房屋成为居民盈利的重要手段。于是，房屋所有者的经济地位含义就更为突出了，住房也成了转型时期城市"地位群体"的一种标志（李强，2009）。张俊浦基于 2008 年兰州市城市青年职工住房状况抽样调查资料，分析了兰州市城市青年职工的基本住房状况，发现城市青年职工的住房状况与其性别、文化程度、收入水平、职业以及家庭情况等都有一定的关系，城市青年职工的住房状况出现分层趋势（张俊浦，2009）。徐晓军通过研究发现，我国的社区或住宅小区出现了阶层化趋势（徐晓军，2000a；徐晓军，2000b；徐晓军，2001；徐晓军，2004；徐晓军，2006；徐晓军，2008）。陈钊等通过对中国城镇住房体制市场化改革的回顾指出，中国城镇住房体制改革的市场化方向值得肯定，但由于在原福利分房制度下的既得利益群体在市场化过程中也得益更多，住房的市场化加剧了住房乃至收入的不平等（陈钊、陈杰、刘晓峰，2008）。王宁等认为，住房领域的阶层消费竞争促进了人们阶层地位的进一步分化，导致住房消费市场的社会排斥，货币贬值，有限公共资源的逆向再分配和阶层符号资源的再生产，使社会不平等加剧（张雪筠，2005；王宁，2006）。张杨波认为，城市住房不仅塑造城市消费品，而且由于其本身地理位置上的固定性，因而承担了"指示器""过滤器"和"加速器"三种功能，三种功能的实现和城市消费品的形成相互影响，由此产生了新一轮的社会不平等（张杨波，2006）。赵呈戏对不同阶层的居民住房情况进行了研究，认为不同阶层的居民在住房来源、住房市值、住房面积等方面相差较大（赵呈戏，2001）。

②住房分层与空间隔离

有学者研究认为，住房分层导致居民之间的空间隔离产生居住分异现象。如杨上广等认为，改革开放以后，在市场经济体制下，我国出台了许多新的住房改革政策，使得城市异质性高的"单位"亚空间解体，同质性的居住空间趋势初露端倪（杨上广、王春兰，2006）。顾朝林等对社会转型背景下北京的社会空间进行系统研究，指出无论城市空间结构的核心还是边缘都在重构，转型期北京社会空间结构综合了多种经典空间模型，尤其高级白领居住区和外来移民聚居区的出现，使得社会空间结构日趋极化（Gu、H，2001；Gu、F，2003）。吴缚龙与李志刚采用采样数据对上海各区房价差异进行实证分析，发现上海居住空间结构正恢复新中国前"上只角""下只角"的空间格局，地方房价的差异化趋向明显（Wu、Li，2005）。杨上广（2006）、黄怡（2006）以上海为例从住宅供应、空间分布、外部表征等方面对居住隔离现象进行考察，剖析居住隔离的理论与现实意义，描述了居住隔离的部分特征。黄靖、王先文以东莞为例，考察了外来人口与当地居民之间产生的居住空间隔离（黄靖、王先文，2002）。李志刚以广州为案例，对中国的城市居住分异进行了研究（李志刚，2008）。李程骅区分了住宅空间中公共空间与私有空间的差别，城市各阶层对私有空间和公共空间的需求也不尽相同，中高档收入对两个空间都有要求，而中低收入者则仅仅关注内部私人空间是否得到满足。住宅空间的区分体现了城市社会阶层不平等（李程骅，2003）。钱志鸿、黄大志则指出社会空间极化理论应从两方面来把握：一是这种极化表现为富裕家庭和贫困家庭在城市居住空间上的隔离；二是这种极化将导致贫困家庭在城市空间分布上的集中。社会极化由城市空间分布来体现，而城市空间极化又加剧了社会极化（钱志鸿、黄大志，2004）。还有许多学者（吴启焰等，2002；张雪筠，2005；魏立华、李志刚，2006；刘望保、翁计传，2007；徐菊芬、张京祥，2007，等等）对城市的居住分异现象进行了研究。

③住房分层与社会排斥

有学者研究指出，住房分层导致社会排斥，社会排斥加剧了住房分层。如李斌认为，城市住房价值差异的拉大促使住房成为城市排斥外来者和扩大差距的一种有力工具（李斌，2008）。吴维平等以经验材料为依据指出，由于当代中国城市乡村之间的户籍制度造成的二元分割，城市内部实施的各项房改政策都存在对流动人口的排斥，结果使得城市居民和流动人口在获取住房资源上存在明显差异。城市居民通过分配公房、购买商品房和参加安居工程三个途径获取住房，流动人群则采取租赁和居住集体提供的单位宿舍方式（吴维平、王汉生，2002）。李斌认为，80年代以来，中国住房改革政策涉及六个方面：推行住房公积金，买房给优惠，提租补贴，建设经济适用房，实施住房货币化补贴以及廉租房（城市平民的解困房）。然而，这六个主要的住房改革制度都体现了社会结构本身的排斥性。中国社会的弱势群体被排除在国家的"住房福利"分配体系之外（李斌，2002a）。李斌等对城市农民工的住房现状和满意度进行了调查，发现尽管居住方面处于绝对剥夺状态，农民工对自己的居住条件仍然表现出中度的满意水平。学者们认为，其中的原因主要是民工们选择的参照群体为同类民工，而且认同当前的市场分配逻辑（李斌、王晓京，2006）。王宁认为，住房竞争必然导致住房价格的上涨，从而导致住房消费市场的社会排斥。他认为随着城市住宅价格越来越高，由此导致城市的高生活成本与普通工资阶层的低工资收入之间的矛盾，这一矛盾导致两个社会后果：一是使得城市低收入阶层越来越买不起房子，越来越被排斥在住宅市场之外；二是使得农民工融入城市越来越成为难以实现的梦（王宁，2006）。

（4）已有研究的不足之处

纵观国内外住房分层研究的相关文献，笔者发现，已有的住房分层研究已取得了较大成就，这些都为本研究的深入开展奠定了基础。然而，无论是在住房分层现状方面还是在住房分层机制方面，目前的研究还有待进一步深化。

首先，在住房分层现状研究方面，目前学者从理论和实证上都做了初步探讨，但缺乏全面系统的实证研究。学者大多关注住房资源分配机制变化的规律和特点，而较少关注住房分层的现状。目前城市住房资源呈现怎样的分布状况，住房分层的现状又如何等这些问题已有研究很少做深入的实证研究，也就是说对城市住房分层现状的研究不够，尤其缺乏专门的实证研究。这样，目前的住房研究缺乏对中国当前城市住房分层状况进行全面而系统的勾画和分析。尽管住房分层现状研究属于描述性研究，但这种描述必不可少。住房分层现状描述是住房分层机制研究的必要前提。即只有较为全面地揭示出当下社会住房分层状况的现实表现和特点，才能进一步对其分配机制进行合理、深入地解释。

其次，在住房分层机制研究方面，目前学术界研究的成果较多，取得了较大的成就。其中，市场转型理论已成为国内外学者解读中国城市住房分层机制的共识。学者们对城市住房分层机制研究的分析重点主要是从市场转型理论视角切入，分析权力与市场两种因素对于住房分层机制的影响。这样，学者们对城市住房分层机制的研究形成了三种基本的理论思路：第一种是强调再分配权力在住房分层中的重要作用。城市居民所在单位的规模、级别及本人在单位内的职位等对居民的住房分层产生很大影响，再分配权力仍然在住房分层中起作用；第二种则强调市场机制对城市居民住房分层的影响。市场转型导致了新的分层机制的产生。市场改革导致了城市居民在以经济收入差别为基础所产生的社会分层，这种社会分层使得部分城市居民有能力拥有个人住房，市场机制在住房领域发挥作用；第三种强调权力衍生论的观点，认为再分配权力、寻租能力和市场能力共同构成阶层分化的动力基础（刘欣，2005b）。个人获取住房的能力一方面取决于个人在市场中获取经济资源的能力；另一方面取决于个人在再分配体制内获取权力资源的能力，而公共权力衍生的寻租能力将直接体现在获得购房机会中。

以往学者对城市住房分层机制的研究为本研究的开展提供了启发与借鉴。然而，以往研究在取得较大成就的同时，仍然存在一些问题有待进一步发展与深化，具体表现在以下几个方面：

第一，在现有的住房分层研究中，有一批学者做过非常专业化的研究，但他们的相关住房数据资料主要来自综合调查数据。如边燕杰、刘勇利利用中国2000年人口普查数据，对不同职业阶层在住房产权、住房面积和住房质量方面的分化进行了研究（边燕杰、刘勇利，2005）；刘精明、李路路（2005）利用CGSS2003数据从居住空间、生活方式、社会交往和阶层认同等方面对我国城镇社会阶层化问题进行了研究；刘祖云、胡蓉（2010）利用CGSS2006数据对住房阶层化进行了研究等等。也有一批学者对住房进行了专门或独立的研究，如李斌以长沙为例，对城市住房利益分化与社会分层机制变迁进行了研究（李斌，2004b）；浩春杏以南京为例，对转型期城市住房梯度消费进行了研究（浩春杏，2007）；黄怡以上海为例，对城市社会分层与居住隔离进行了研究（黄怡，2006b），等等。但这些研究主要从住房福利、住房消费、住房空间视角对住房进行研究，而很少有学者从社会分层角度对城市住房进行专门或独立的调查研究。

第二，市场转型理论成为国内外学者解读中国城市住房分层机制的共识。受此影响，城市住房分层机制的研究明显呈现出结构主义倾向，对住房分层过程中城市居民的自我选择研究不够。在城市住房分层机制的研究中，学者主要关注体制政策、职业、教育、收入、市场能力、权力资本等客观因素对住房分层的影响，而对居民是否购房的自我选择因素对住房分层产生的影响缺乏应有的关注。而且学者大都忽视了住房分层机制中的内生性问题。

第三，已有的住房分层研究主要集中在两个时期：一是改革以前的计划经济时期；二是从住房改革开始至20世纪末，住房体制改革过程中的住房产权获得与住房分层研究。而学术界对2006年后住房分层与住房不平等研究屈指可数。21世纪初经过近10年的住房商品化发展，当下的住房分层与住房不平等更为明显，在实现了市场化的住房分配体系中，市场转型理论对住房分层的解释力变化情况，是一个非常重要的理论问题。

上述的缺陷可能使已有的研究结论出现以下几点不足：一、由于缺乏对城市社会住房分层现状进行全面而系统地研究，无法准确刻画当下住房分层的现实表现；二、以往的分析是基于综合数据之上的，因而研究结论也在一定程度上存在错误的可能性；三、以往住房分层机制研究中忽视了居民的自我选择对住房分层的影响；四、随着住房市场化发展，当下城市社会住房分层出现了新的特点，原有的结论可能不再适应目前社会现实的变化。而我们的研究正是针对以上四个缺陷而展开的。

（三）研究思路与方法

1. 研究内容

我们的住房分层研究关注两个核心问题："谁得到了怎样的住房"和

"为什么得到这些住房"。前者揭示住房资源在社会中的分配结果，描述住房分层的现状；后者回答影响住房分配的决定因素，揭示住房分层的机制。我们的研究主要围绕城市住房分层现状和住房分层机制两个主题展开。

具体而言，本研究将涉及以下几个问题：

第一，市场经济改革以来，随着我国社会阶层分化和不平等现象的日益加剧以及住房货币化改革的不断深入，导致城市社会和空间重组，并使贫富差距扩大（Wang，2000）。住房已成为社会阶层分化的指示器和重要载体，住房分层已是阶层分化的外在表现。社会阶层不同，其住房有何不同，也就是说住房分层在多大程度上与社会分层结构是一致的，住房反映了一种怎样的阶层分化态势。

第二，除了了解城市住房分层的现状外，我们还想进一步了解的问题是：什么原因导致了这种住房分层的现状，即住房分层的机制是怎样的。在研究城市住房分层机制时，由于中国城市的住房改革与中国社会转型在时间上大体一致，社会转型的一些特征在住房领域得到体现，住房中逐步显现的问题也折射了社会转型的阶段和水平（李斌，2009），城市住房是连接"市场"和"国家"的最佳载体。因此，本研究在分析城市住房分层机制的同时，我们试图回应由于市场转型论所引起的学术争论，并希望通过关注住房分层中的内生性问题，弥补已有研究中对此问题的忽视而造成的不足。

2. 研究意义

（1）理论意义

社会分层研究是社会学乃至整个社会科学研究的主流领域，是我国社会学研究中的一个重点和热点问题。而住房分层研究又是当前社会分层研究的焦点问题。住房分层现状与机制是当前社会学研究的重要理论问题。住房分层在多大程度上反映了社会阶层的分化，住房分层的现状如何，社会阶层分化如何影响着住房分层，住房分层的机制怎样，这些问题在社会分层研究中具有重要的理论意义。因此，研究住房分层对于丰富和发展社会分层研究具有重大的学术价值和理论意义。

第一，将住房作为一个重要的分层指标，对住房分层问题进行分析，有助于深化对中国城市社会阶层分化现象的认识：住房在社会分层体系中是一个非常重要的因素。保罗·福塞尔认为，住房格调的差异体现了社会阶层间的差异，通过分析住房就可以研究人们所处的社会阶层。雷克斯和摩尔指出，"可能有人争论个人在住房领域中的市场情境一定意义上依赖于他的收入，而且因此依赖于他在劳动力市场中的境遇，但是也存在这样的情况，那就是处于相同劳动情境中的个人可能拥有不同的获取住房的手段，而且正是这些手段决定了城市阶层竞争不同于工作场所领域的竞争"（Rex，1967）。桑德斯则认为，在现代社会中住房越来越重要，甚至比职业更能准确地划分出现代社会的分层状况（李斌、王凯，2010b）。

这样，以住房为分层标准来解读阶层分化现象就显得十分重要也非常必要。首先，住房标准的一般功能体现其衡量阶层分化的重要性。在大多数现代市场经济社会中，住房既能反映收入，又能反映财富。住房对于绝大多数家庭来说往往是最重要且是最大笔的支出项目，体现出家庭收入的累积性，在很大程度上能够反映出个人或家庭的支付能力。同时，住房也是一项重要的投资理财工具，住房占有量能反映出个人或家庭财富占有状况。尤其在房价上涨时期，由于回报丰厚、稳定，住房往往成为优质的投资项目，成为个人或家庭财富的主要构成部分。可见，以住房为衡量阶层分化的标准，既能反映货币标准，又能补充货币标准衡量的不足。正是住房的这一般功能，使得通过住房来衡量社会阶层分化具有重要性。其次，住房标准的特殊功能体现其衡量阶层分化的必要性。市场转型期的中国社会，住房分层日益加剧，对于阶层分化具有较强的描述性。房价飙升的社会现实将居民在住房支付能力上的差异表现得更为明显，住房成为了衡量阶层分化的最有效指标。而且住房既能反映居民的市场能力，又能反映其再分配能力，可以很好地把"市场"与"国家"链接起来，是分析阶层分化机制的重要载体。房改前，个人住房资源的获取能力与个人在单位内的再分配权力密切相关。房改中，实际存在"双轨制"的住房分配机制：单位通过公房私有化、自建房、集资建房等方式为职工提供价格优惠的住房，同时新兴的房地产市场为所有城市居民提供普通商品房。这样个人或家庭的住房可以来自工作单位，根据再分配机制进行分配，也可来自市场，根据支付能力购买。1998年福利分房制度基本取消，市场成为居民获取住房的主要渠道，但单位（特别是政府机关或大型国有企事业单位）与住房供给之间的联系并未完全割断，某些单位仍然为其职工提供价格优惠的自建房。这样无论从单位获取自建房资格的能力看，还是个人在单位内部获取住房的机会看，都与再分配能力不无关系。因此，在这一时期，居民住房获得渠道不仅体现出了市场能力的大小，而且也在一定程度上反映了再分配能力。可以说，住房是衡量目前中国社会阶层分化非常有效的指标，以住房为分层标准有助于深化对中国城市社会阶层分化现象的认识。

第二，将住房作为因变量，回应由市场转型论所引起的学术争论，有助于深化对市场转型论争的研究。

倪志伟的"市场转型理论"（边燕杰等，2002：183）；罗纳塔斯的从政治特权到经济优势的"权力变形论"（边燕杰等，2008：3）；边燕杰等的"权力维继论"（边燕杰等，2002：427）；白威廉和麦谊生的"政治市场"观点（边燕杰等，2002：553）；倪志伟和曹洋的"变迁论"（边燕杰等，2008：7）；周雪光的"政治经济同步演化论"（边燕杰等，2008：8）；边燕杰和张展新的"市场—国家互动论"（边燕杰等，2008：10）；吴晓刚和谢宇的"选择性流动论"（边燕杰等，2008：11）；魏昂德的"经济扩展论"（边燕杰等，2008：13）等等，这些学者的观点各异，但他们的研究有一个共同点就是：他们大都以经济收入作为分析因变量（参见表1—3—1），这在处于社会转型期的中国，有很大的局限性。因为收入分配在中国还远未实现制度化和市场化，中国的税收和财产申报等制度尚不健全，隐性收入和地下经济的大量存在，个人和家庭收入调查难以准确真实地反映实际状况。

然而，住房可以呈现隐性收入的含金量及难以测量的问题，住房状况相似的居民的总收入应该差别不会太大（郑辉、李路路，2009）。而且，由于中国城市的住房改革与社会转型在时间上大体一致，社会转型的一些基本特征在住房领域得到体现。住房分层更能反映出市场转型的程度及市场转型与社会分层的关系。住房改革与其他改革一起共同改变着中国城市社会的社会分层机制。住房已成为阶层分化的一个重要载体，住房分层是阶层分化的外在表现，本质上就是一个阶层分化现象。这样，住房也就成为考察和研究中国社会转型的一个有效的维度，通过城市住房分层的研究可以窥视到转型社会的逻辑和机制。可见，以住房为分析因变量，有助于深化对市场转型论争的研究。

表 1—3—1　　　　　　　与市场转型理论有关的经验研究

研究者 (出版年份)	国家	调查总体	调查年份	因变量	研究发现(是否与市场转型理论一致)			
					政治资本	人力资本	企业家	私有部门
泽林尼(1988)	匈牙利	全国农村	1982—1983	农产品	兼而有之	一致	—	—
倪志伟(1989)	中国	福建农村	1985	收入	一致	一致	一致	—
倪志伟(1991)	中国	福建农村	1985	收入	一致	一致	一致	—
彭玉生(1992)	中国	部分城乡	1986	收入	—	一致	—	一致
罗纳塔斯(1994)	匈牙利	全国城乡	1989,1991	就业 收入	不一致 不一致	一致 不一致	— 一致	— —
多曼斯基、黑奈斯(1995)	波兰	全国城乡	1987,1991	收入	一致	一致	—	未有明确结论
白威廉等(1995)	中国	东部地区农村	1993	就业 收入	兼而有之 一致	一致 一致	— —	— 一致
倪志伟(1996)	中国	全国农村	1989—1990	就业 收入	兼而有之 一致	一致 不一致	— 一致	— —
白威廉、麦谊生(1996)	中国	全国农村	1988	就业 收入	不一致 不一致	— —	— —	— —
谢宇、韩怡梅(1996)	中国	全国城市	1988	收入	不一致	不一致	—	—
边燕杰、罗根(1996)	中国	天津市	1988,1993	收入	不一致	一致	—	一致
戈博·豪特(1998)	俄国	全国城乡	1991—1995	收入	—	不一致	一致	—
倪志伟、曹洋(1999)	中国	全国农村	1991—1994	就业 收入	一致 兼而有之	一致 兼而有之	— —	— —

续表

研究者 (出版年份)	国家	调查总体	调查年份	因变量	研究发现(是否与市场转型理论一致)			
					政治资本	人力资本	企业家	私有部门
周雪光 (2000)	中国	全国城市	1995	收入	不一致	一致	一致	—
马蕊佳、倪志伟(2000)	中国	全国农村 福建农村	1989—1990 1985	就业	—	一致	—	一致
凯斯特、倪志伟(2001)	中国	全国农村	1989—1990	就业	兼而有之	一致	一致	一致
曹洋(2001)	中国	上海市及广州市	1994—1995	升迁	未有明确结论	一致	—	—
倪志伟、曹洋(2002)(见下页注3)	中国	全国城市	1995	职业地位	不一致	一致	一致	一致

资料来源：张欢华：《国家社会主义市场转型：问题与争议》，《社会》2007年第6期，第64页。

(2) 现实意义

有恒产者有恒心，安居才能乐业。住房既是一个经济问题，直接影响国民经济的发展，又是一个社会问题，关系到人民福利，涉及社会的公平与和谐，甚至还是一个政治问题，关系到社会稳定和国家安定。因此，关注住房问题尤其是住房资源分化机制的问题具有重大的现实意义，也是我们社会学研究者的重要责任和使命。

第一，对住房分层的研究，有助于深化对我国社会贫富分化的认识。中国正处于社会转型期，社会结构发生了深刻的变化，社会分化、阶层分化趋势明显，而通过收入透视当前社会分化与阶层分化具有一定的局限性，因为我国体制转轨时期市场因素和体制因素的复杂影响，各阶层非货币收入、其他隐形收入很难完全统计出来（李培林、张翼，2000；戴慧思、卢汉龙，2003）。而且资产的不平等分配比收入要严重得多（迈尔克·谢若登，2005：51）。住房具有体积大、价值高以及外显性与耐久性等特点（李强，2009），且在城市住房体制的改革过程中，将实物分配制度下形成的基于权力和身份的住房不均等结构从产权上固定下来，这不仅维续并再生产了改革前形成的住房分层秩序，而且构建了一种新的基于财产的住房分层秩序（李强，2009）。因此，对住房分层的研究可以加深对我国社会贫富分化的认识。

第二，对住房分层的研究，有助于深化对我国城市住房问题的认识。城市居民住房的获得是在政府与市场双重力量的推动下实现的，是中国经济社会变迁在住房上的深刻反映。当前中国城市住房改革解决了住房有效供给不足的问题，改善了城市居民的居住环境与居住质量。但这种效率至上的住房商品化改革不可避免地牺牲了公平正义的价值理念。造成的结果是，大部分普通城市居民无力承担目前的高房价，望"房"兴叹，或因买房成为"房奴"，而高档的住房却可以销售出去，有相当市场。整个住房市场结构性失衡、中低价商品房供给不足。本研究既是对目前住房分层现状和机制进行考察，也是对我国住房商品化改革成就的一次总结与反思。

可见，研究住房分层也是出于对中国社会发展现实问题的关注。对住房分层的研究不仅可以加深对我国社会贫富分化的认识，而且还可以加深对我国住房问题的认识，从而为协调不同阶层的住房利益，满足不同阶层的住房需求，缩小贫富差距，消除社会不和谐因素奠定坚实的基础。从这个意义上说，住房分层的研究对于构建和谐社会具有重要的现实意义。

3. 研究框架

本研究试图通过城市住房视角，对当下中国城市社会资源分配不平等问题进行探讨。依据格伦斯基在他的名著《权力与特权：社会分层的理论》中提出的社会分层的核心问题"谁得到了什么及为什么得到"（Lenski，1966），本研究循着此思路，借助市场转型理论，对城市居民住房分层现状与机制进行研究与探讨。

本研究的主体分为两大部分：第一部分是对广州市居民住房分层现状的考察，这是本研究的重点之一。这一部分我们不是从理论上对住房分层的建构，而是从现实出发，以住房产权有无、产权房数量和产权房获得方式等为依据，通过对广州市2010年住房状况调查数据进行潜在类别分析，从潜在类别分析的统计结果中揭示出住房的五大阶层：多产权房阶层、继承性产权房阶层、商品性产权房阶层、福利性产权房阶层和无产权房阶层。然后对城市居民住房五大阶层的基本情况进行了基本的描述统计，并通过与新韦伯学派EGP阶层分类和当代中国社会十大阶层两大分层方法进行比较，从而对本研究的城市住房分层方法的效度进行了检验。第二部分是对广州市住房分层机制的探讨。这也是本研究的一个重点。这部分我们主要从国家/政府、市场、社会行动者等三个不同视角，通过内生性转换模型对住房分层机制进行了分析。不仅从城市居民个体层面、结构层面，而且还重点从居民的自我选择层面对住房分层机制进行了深入分析。通过对住房分层机制中的权力机制、市场机制、个人自我选择机制的分析，在一定程度上回应了由市场转型论引发的学术争议。

本研究的研究框架如图1—3—1所示：

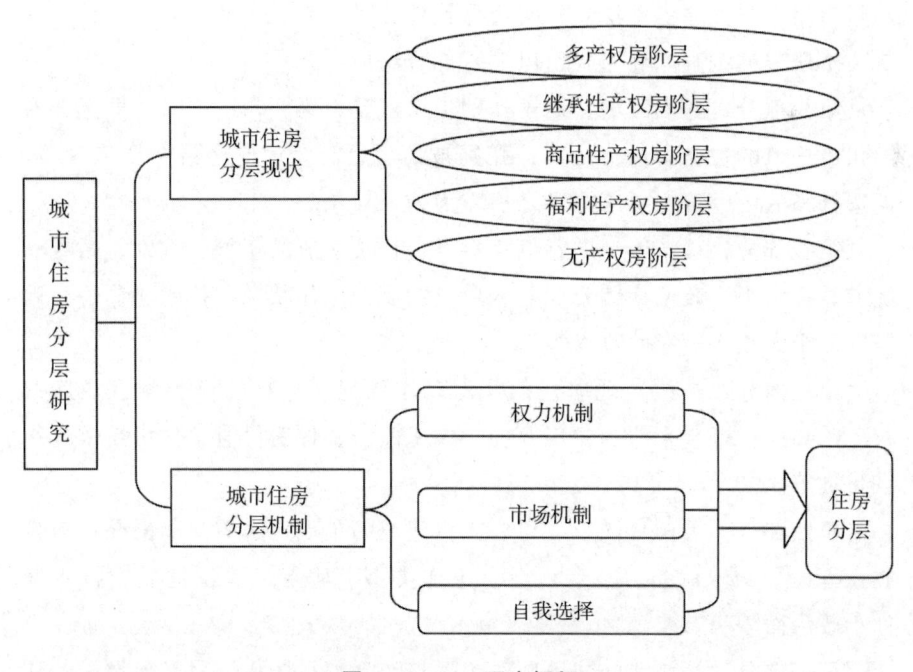

图1—3—1 研究框架

4. 研究设计

（1）研究资料来源及分析对象

①资料来源

本研究的数据资料来自2010年7—11月在广州市中心城区进行的抽样问卷调查。该调查是刘祖云教授主持的国家社科基金重点项目《贫富分化与社会和谐：城市居民住房视角的研究》的一部分。广州的抽样调查和入户访问工作严格按照社会学的规范进行。下面将对项目的问卷设计进行描述。

调查问卷由项目负责人和项目参与者共同设计。为了检验调查问卷的效度和可操作性，在广州市中心城区进行正式调查之前，进行了三次试调查。该调查的三个原始目标是：（1）通过抽样调查了解广州市居民的住房分层现状，即广州市城市居民住房资源的阶层差异分布状况；（2）了解广州市居民住房分层的机制，即什么原因导致了住房资源分配的差异；（3）广州市城市居民住房资源差异将会导致什么样的后果。

本研究的调查问卷主要由以下六部分组成：

第一部分，甄别问卷：用于甄别被访者是否为广州市户口，即选择有广州市户口的被访者进行访问；甄别被访者是否为家庭经济主要来源者，即选择家庭中经济主要来源者之一作为访谈对象。

第二部分，被访者个人背景资料：包括被访者的年龄、性别、婚姻状况、教育水平、政治面貌、职业、单位性质、工作状况、技术职称、行政级别、个人收入、家庭收入等。

第三部分，被访者现居住的住房基本情况：包括住房类型、住房产权、购买住房资金来源、住房福利、住房面积、住房价值、住房需求、小区类型等。

第四部分，被访者继承或租住或自建或购买现住房的基本情况：包括教育程度、从业状态、从事行业、工作类型、职业、单位性质、技术职称、政治面貌等。

第五部分，被访者的住房史：包括被访者曾经居住过后又出卖了的住房以及现在还拥有的住房基本情况。

第六部分，被访者住房满意度、生活方式与社会态度。

②分析对象

对于本研究的分析对象，有必要做特别的说明。

如本研究的题目所表明的，本研究的分析对象是广州市城市居民的住房分层状况，排除了那些具有流动特征的移民，也不包括农村社会的住房。即本研究的分析对象是中国的城市社会居民的住房状况。之所以在本研究中对分析对象进行这样的限制，主要是基于如下的考虑：

第一，中国社会存在明显的城乡二元结构，农村社会与城市社会之间不仅在住房面积、住房质量和住房价值等方面具有明显的差别，而且更为重要的是存在着住房福利等方面的制度性差别。将农村社会与城市社会作为一个整体进行分析还存在很大的难度，将导致分析过于复杂，由于本人自身能力和占有资源的局限性，还不足以进行这种分析。而城市社会曾是传统再分配体制的核心，也是市场经济体制转型的核心领域，分析城市社会住房分层状况，可以有效地揭示制度转型与社会分层结构变迁的规律性关系。因此，在仍然存在城乡制度分割的结构下，单独对城市社会的住房分层现状进行分析，是一个可行的分析策略。

第二，广州是一个大都市，流动人口规模较大，流动人口住房情况尤其复杂，很难对其住房情况进行有效统计。而且流动人口具有很大的不稳定性，为了使城市社会住房分层的分析单纯化，减少分析的复杂性，我们在确定研究分析对象时将农民工和那些来自其他城市的流动性移民等排除在外。我们清晰地认识到，将流动人口排除在分析对象之外，对于分析上的完整性来说是一个很大的缺憾，因为流动人口是一个极为重要的社会现象，对未来社会分层结构的变迁将会产生很大影响。但基于以上理由，我们还是将其放弃了。我们希望可以在较为单纯的情景下，能够清晰地通过住房透视在制度转型背景下社会阶层分化的变迁规律。

（2）抽样方法和资料收集方法

本研究选择广州市作为调查研究对象，主要出于以下几方面的考虑：一、广州是华南地区最大的区域中心城市，改革开放后，经济发展迅速，房地产业较为发达，在全国房地产业的综合发展名列前茅，房地产开发市场化程度较高，市场发展较为成熟，有较好的代表性；二、广州市政府相关政策、法令及统计等资讯，相对于其他许多大中城市而言，对外较为开放，且本人身处广州，相对来说在资料收集上比较方便；三、在查看文献时，发现以往学者对广州住房的系统研究较少，特别是对广州住房分层进行深入研究的成果，尤其缺乏实证研究。

①抽样方法和访问程序

广州市是广东省省会，广东省政治、经济、科技、教育和文化的中心。广州市总面积7434.40平方千米，占全省陆地面积的4.21%。其中市辖10区面积3843.43平方千米，占全市总面积的51.7%；2个县级市面积3590.97平方千米，占48.3%。广州市共有10个区，2个县级市，市区共有125个街道办事处和1393个居民委员会。其中，本次调查所涉及的城市中心区共有6个区，即越秀区、海珠区、荔湾区、天河区、白云区和黄埔区。中心城区有106个街道办事处和1221个居民委员会。2009年末，广州市户籍人口794.62万人。其中市区人口654.68万人，县级市人口139.94万人。全市农业人口77.76万人，非农业人口714万人。中心城区共有户籍人口456.1万人，非农业户数144.83万户①。详见表1—3—2。

表1—3—2　　抽样总体的街道办事处、居民委员会和非农业人口分布

	街道办事处（个）	居民委员会（个）	户籍人口（万人）	非农业户数（万）
广州市区	125	1393	654.68	207.99
中心城区	106	1221	456.10	144.83
越秀区	22	266	116.69	35.09
海珠区	18	257	93.73	31.87
荔湾区	22	193	70.65	24.12
天河区	21	200	74.53	20.65
白云区	14	247	80.65	26.66
黄埔区	9	58	19.85	6.44

资料来源：广州市统计局，国家统计局广州调查队：《广州统计年鉴2010》，中国统计出版社2010年版，第3、5、64页。

---

① 数据来源：广州市统计局，国家统计局广州调查队：《广州统计年鉴2010》，中国统计出版社2010年版。

根据多段分层抽样方法抽取样本。第一，确定初级抽样单位（primary sampling units）。将街道办事处确定为本次调查的初级抽样单位。广州市区共有125个街道办事处，调查母体涉及其中的106个。按照概率比例抽样方法（probabilities proportional to size，PPS），从广州市中心城区6个区抽取38个街道办事处作为初级抽样单位，其中越秀区抽取了9个街道办事处，白云区抽取了8个街道办事处，天河区抽取了7个街道办事处，荔湾区抽取了6个街道办事处，海珠区抽取了5个街道办事处，黄埔区抽取了3个街道办事处。街道办事处的抽样原则上参考了该区的人口数量。

第二，抽取次级抽样单位。次级抽样单位是居民委员会。广州市中心城区共有1221个居民委员会，每个居民委员会由1000—2000个住户组成。同样根据PPS方法从街道办事处共随机抽取48个居民委员会。其中望北社区居委会、华农社区居委会、中大西居委会、芳村花园各被抽中两次。

第三，抽取样本户。在居委会中采用系统抽样即等距抽样（每隔30户抽一户）方法抽取样本户。PPS抽样在每次被选中的居民委员会中抽取20个住户，两次被抽中的居委会则抽取20×2个住户，总共获得1040个住户作为抽样调查的样本户。

第四，抽取居民（被调查者）。一般而言，为保证入户后抽选被访者的随机性，往往使用KISH表作为抽样工具。然而，由于我们进行的是广州市城市居民的住房状况的调查，这一方面只涉及广州市居民，为此，我们设计了甄别问卷，凡是非广州市城市居民不在我们的调查范围，只有广州市城市居民才被列为受访者；另一方面，比较详细知晓家庭住房相关情况者可能只是家庭中主要经济来源者，而家庭中非主要经济来源者如小孩或老人等可能对住房的相关情况知之甚少，因此，我们也通过甄别问卷选择家庭中主要经济来源者之一进行访谈。

资料收集是运用结构性问卷通过入户面对面访问获得的。调查工作从2010年7月末开始，11月初完成。由广州市昊研调查公司承担入户调查任务，在入户访问之前，昊研调查公司所有访问员都经过了系统的培训。问卷总共回收1115份，其中有效问卷1042份，问卷有效回收率达93.5%。

②样本代表性分析

在此，我们将对样本和抽样总体的相关指标进行对比，以验证样本的代表性。由于本次调查的样本限定为在广州 6 个区（越秀区、海珠区、天河区、白云区、荔湾区和黄埔区）居住且有广州市户籍居民的住房，并入户调查住户中的经济主要来源者，但是有关广州市的统计资料和抽样数据多数包含了萝岗区、越秀区、海珠区、天河区、白云区、荔湾区、黄埔区、番禺区、花都区、南沙区十个市辖区以及从化市、增城市两个县级市，所以样本和总体的比较仅仅具有相对的意义。表 1—3—3 从性别、不同性质的单位职工人数比、不同隶属关系的单位职工人数比、住房类型、现住房外其他住房、家庭平均每人全年现金收入等方面对样本和总体的相关情况进行了对比。

表 1—3—3　　　样本基本资料与广州市统计资料的对比

指标	样本	总体	指标	样本	总体
性别	%	%	不同性质的单位职工人数	%	%
女	55.3	49.2	国有单位	37.5	36.6
男	44.7	50.8	集体单位	15.6	4.9
N	1042	6546788	其他单位	46.9	58.5
			N	1042	2205292
不同隶属关系的单位职工人数	%	%	住房类型	%	%
			租赁公房	7.72	3.12
			租赁私房	7.24	5.53
中央属单位	1.3	11.2	原有私房	13.71	14.58
省属单位	16.2	14.2	房改私房	26.25	27.81
市属单位	82.5	74.6	商品房	44.4	48.36
			其他	0.68	0.60
N	573	2205292	N	1042	3150
现住房外其他住房	%	%	家庭平均每人全年现金收入	元	元
出租房	62.8	66.7	总平均	34381.94	29407.01
未出租房	37.2	33.3	N	1042	1560
N	158	135			

资料来源：广州市统计局：《广州统计年鉴 2009》，中国统计出版社 2010 年版。表中相对数据是根据 2009 年广州统计年鉴中的相关数据计算得出。

从表1—3—3中可以发现，样本与总体的性别比例有些差别，主要表现为样本中女性比例偏高6.1%。我们的调查是入户调查家庭中经济主要来源者，如果家庭中夫妻皆为经济主要来源者，女性更有耐心并倾向于接受我们的面访，由此造成了女性人口有较高的访问成功率。

在不同性质单位职工人数方面，集体单位的职工人数比例的差别较为明显，主要表现为样本中集体单位人数明显高于总体。国有单位职工人数比例则与总体接近。我们的调查总体是广州老城6区，国有单位和集体单位较为集中，从而导致样本国有单位和集体单位的人数偏高，如果从总体中剔除中心老城区以外的四个市辖区和两个县级市，也许两者没有实质性的差别。

不同隶属关系单位职工人数方面的差别与不同性质单位职工人数类似。关于不同隶属关系单位职工人数同样包括了广州市10个市辖区和2个县级市。毫无疑问，由于我们的调查总体只在中心老城6区，中央属单位比例自然会下降，而省、市属单位本身在老城区比较集中，考虑到这些因素，样本的不同隶属关系单位职工人数状况与抽样地区的真实状况应该是一致的。

样本与总体在住房类型方面的差异主要表现在租赁公房与私房方面，样本中租赁公房与私房的比例要高于总体，而商品房的比例低于总体，这可能是抽样地区主要是老城区，商品房相对较少，而公房和祖传私房较多的缘故。如果考虑到这些因素，那么样本和总体的住房类型应该是比较吻合的。

在现住房外其他住房方面，样本与总体的比例比较接近；而在家庭平均每人全年现金收入方面，样本明显要高于总体。总体的家庭平均每人全年现金收入主要是2009年的统计数据，而根据统计资料，广州市居民年收入增长率超过9%，据此推算，2010年总体家庭平均每人全年现金收入应该与样本相差不大，没有实质性差别。

（3）主要分析指标的操作化测量

①因变量

本研究的因变量是居民的住房阶层和住房阶层地位。住房阶层是一个定序变量，主要有五类，由低到高依次排序为无产权房阶层、福利性产权房阶层、商品性产权房阶层、继承性产权房阶层和多产权房阶层。住房阶层地位是一个连续变量，由相关的 5 个住房指标经因子分析得出。这些指标包括：住房产权、住房数量、住房面积、住房价值和住房小区。这 5 个项目互为关联，根据特征值大于 1 的原则，得到"住房地位"这一个因子，其方差贡献率为 63.77%（见表 1—3—4），即这一个因子可以反映原指标 63.77% 的信息量。因子分析的 KMO 和球形 Bartlett 检验情况如表 1—3—5 所示。KMO（Kaiser – Meyer – Olkin）给出了抽样充足度的检验，是用来比较相关系数数值和偏相关系数是否适中的指标，其值越接近 1，表明对这些变量进行因子分析的效果越好。本文的 KMO 值为 0.766，说明因子分析的结果是可以接受的。球形 Bartlett 检验的值为 1983.685，并在 0.01 水平上双尾显著，这说明相关系数矩阵不是一个单位矩阵，因此采用因子分析是可行的（参见表 1—3—5）。

表 1—3—4　　　　　　　　住房地位的因子分析结果

因子分析	因子负荷	因子特征值	解释方差比例
住房产权	0.7199	2.68872	0.6377
住房数量	0.9110		
住房面积	0.7686		
住房价值	0.7796		
居住小区	0.6769		

表 1—3—5　　　　　因子分析的 KMO 和球形 Bartlett 检验

Kaiser – Meyer – Olkin	0.766
球形 Bartlett 检验	1983.685***

注：*** 表示在 0.01 水平上双尾显著。

②自变量

本研究的自变量主要有：①人力资本和政治资本，为连续变量。这主要由教育水平、职称、政治面貌、行政级别、单位行政级别等指标经因子分析得出（具体参见表 1—3—6、表 1—3—7 和表 1—3—8）；②购房年龄和购房年龄的平方。购房年龄主要由被访者购房年减去出生年计算所得；购房年龄平方，以探寻购房年龄变量的非线性效用；③性别，为定类变量，男性为 1、女性为 0；④婚姻状况，为定类变量，未婚为 0、已婚为

表 1—3—6　　　　　　　因子分析的特征值和方差贡献率

类　别	因子 1 政治资本	因子 2 人力资本
特征值	1.73819	1.63260
方差贡献率（%）	0.3756	0.3725
累计方差贡献率（%）	0.3756	0.7481

表 1—3—7　　　　　　因子分析的 KMO 和球形 Bartlett 检验

Kaiser – Meyer – Olkin	0.664
球形 Bartlett 检验	311.535***

注：*** 表示在 0.01 水平上双尾显著。

表 1—3—8　　　　　　　　旋转后的因子负荷矩阵

测量指标	极大化（正交）旋转后的因子负荷	
	因子 1 政治资本	因子 2 人力资本
教育年限	-0.1496	0.8493
职称	0.3527	0.6535
是否党员	0.6359	0.3446
行政级别	0.7777	-0.2009
单位行政级别	0.6825	0.2349

1；⑤单位所有制类别，分为体制内（包括国家机关单位、事业单位、国有企业）和体制外（包括私营企业、外资企业等）两类；⑥个人年收入（对数）；⑦家庭人口；⑧时期哑变量，主要分为 1998 年前和 1998 年后；⑨购房认同因子和购房排斥因子，为连续变量。主要由"买房比租房好，买了房才有家的感觉""为了供房，节衣缩食也是值得的""只要有房子住，不一定要有房产""生活中最大的压力来自购房""住房是个人身份与地位的象征"等指标经因子分析得出。具体参见表 1—3—9、表 1—3—10 和表 1—3—11。⑩父母资助，为哑变量，父母未资助为 0，父母资助为 1；⑪是否继承，为哑变量，未继承为 0，继承为 1。⑫职业，分为管理

表1—3—9　　　　　因子分析的特征值和方差贡献率

类　　别	因子1 购房认同	因子2 购房排斥
特征值	1.73023	1.16849
方差贡献率（%）	0.3773	0.3058
累计方差贡献率（%）	0.3773	0.6831

表1—3—10　　　因子分析的 KMO 和球形 Bartlett 检验

Kaiser – Meyer – Olkin	0.607
球形 Bartlett 检验	384.044***

注：*** 表示在 0.01 水平上双尾显著。

表1—3—11　　　　　　旋转后的因子负荷矩阵

测量指标	极大化（正交）旋转后的因子负荷	
	因子1 购房认同	因子2 购房排斥
1. 买房比租房好，买了房才有家的感觉	0.6444	-0.2397
2. 为了供房，节衣缩食也是值得的	0.5952	0.3923
3. 只要有房子住，不一定要有房产	0.1606	-0.7957
4. 生活中最大的压力来自购房	0.3261	0.6206
5. 住房是个人身份与地位的象征	0.7318	0.0473

人员、专业人员、个体工商户、技术工人和一般工人等。具体相关变量的基本描述统计见表1—3—12。

表1—3—12　　　　　相关变量的基本描述统计

类　别　变　量	样本数	有效百分比	类　别　变　量	样本数	有效百分比
性别			入业时间		
男	465	44.70	1998年前入业	872	83.69
女	577	55.30	1998年后入业	170	16.31

一 导 论

续表

类别变量	样本数	有效百分比	类别变量	样本数	有效百分比
婚姻			父母是否资助		
已婚	951	91.27	资助	235	22.55
未婚	91	8.73	未资助	807	77.45
政治面貌			单位性质		
中共党员	86	8.25	体制内单位	539	51.73
非中共党员	956	91.75	体制外单位	503	48.27
教育程度			单位所有制类别		
小学及以下	57	5.47	国家机关	17	1.67
初中	130	12.48	事业单位	141	13.89
高中/中专/职高	615	59.02	国有企业	223	21.97
大专	125	12.00	集体企业	158	15.57
本科	88	8.45	私营企业	237	23.35
研究生及以上	27	2.59	个体经营	239	23.54
行政级别			单位行政级别		
无级别	940	90.21	无级别	466	44.72
科级及以下	64	6.14	中央部委/省级	101	9.69
副处级及以上	38	3.65	市级	222	21.3
			区/县/级	222	21.3
			街/镇/乡级	31	2.99
技术职称			住房产权		
无职称	872	83.69	无产权	185	17.75
初级	53	5.09	有产权	857	82.25
中级	82	7.87			
高级	35	3.35			
职业			住房类型		
管理人员	97	9.31	租房	179	17.18
专业技术人员	209	20.06	保障房	62	5.95
体力劳动者	496	47.60	单位房	273	26.20

续表

类别变量	样本数	有效百分比	类别变量	样本数	有效百分比
个体工商户	240	23.03	继承房	218	20.92
			商品房	310	29.75
住房小区			连续变量		
低档小区	513	49.23		平均值	标准差
中档小区	487	46.74	购房年龄	26.59885	15.70429
高档小区	42	4.03	购房年龄平方	953.8868	795.3966
住房数量			家庭人口	3.136276	0.8480348
0套住房	172	16.51	个人月收入（对数）	7.925866	0.9867367
1套住房	712	68.33	个人年收入（对数）	1.297085	0.697555
2套及以上住房	158	15.16	家庭总收入（对数）	1.987532	0.648424
是否继承			住房面积（对数）	4.308816	0.6322563
继承	156	14.97	住房价值（对数）	4.179552	0.6342816
未继承	886	85.03	政治资本	1.08e—09	1
			人力资本	6.76e—09	1

（4）研究方法

质性研究和定量研究是社会学两类最主要的研究方法。定量研究依靠对事务的可以量化的部分及其相关关系进行测量、计算和分析，比较适合在宏观层面对事物进行大规模的调查和预测，其研究证实的是有关社会现象的平均情况，对抽样总体具有代表性；而质性研究则是通过研究者和被研究者之间的互动对事物进行深入、细致、长期的体验，比较适合在微观层面对个别事务进行细致、动态的描述和分析，擅长于对特殊现象进行探讨，以求发现问题或提出新的看问题的视角（陈向明，2003）。本研究采用的是定量研究方法。在分析住房分层现状时，我们主要采用潜在类别模型进行分析；在分析住房分层机制时，我们采用内生性转换模型进行探讨。

5. 研究创新

已有研究的贡献是本研究的基础，已有研究的不足则是本研究的目的所在，也是本研究的创新之处，具体体现在以下几个方面：

第一，研究数据资料新。本研究主要从社会分层的视角于 2010 年对广州市居民住房状况进行了抽样调查，获得了最新的关于城市居民住房状况的数据资料，从而为本研究的开展奠定了坚实的基础。同时也弥补了既往研究缺乏专门从社会分层视角进行住房调查数据的不足。因此，本研究既是以往研究的继续，同时又比以往研究更具学术价值和现实意义。

第二，研究内容系统而全面。本项研究不仅对住房分层的现状进行了具体的分析，而且还对住房分层机制进行了系统而深入的研究。在住房分层现状的研究中，我们以住房为标准，依据住房产权、住房数量、住房面积、住房价值和居住小区，通过潜类分析方法对数据进行条件匹配分析，将居民进行了新的社会分层，这是本研究的一个创新点。在住房分层机制的研究中，针对已有的理论争议，我们以住房阶层和住房阶层地位为因变量，从个体层面和结构层面进行检验与分析，还从居民自我选择层面对住房分层机制进行了探讨。同时，我们还关注了住房分层机制中的内生性问题，这些是既往研究中所忽略的，也是本研究的一个创新点。

第三，研究方法新颖。本研究不仅有最新的调查数据资料，而且还采取了新颖的研究方法。在研究住房分层现状时，我们采用了潜在类别分析，依据住房产权、住房数量、住房面积、住房价值和居住小区，对住房分层现状进行了分析，从而将城市居民分为五大阶层。在研究住房分层机制时，我们采用了内生性转换模型，对住房分层机制中的内生性问题进行探讨，从而分析导致住房分层的主要机制。

二 城市住房分层现状分析

（一）理论背景

1. 社会分层标准及原理

社会分层的实质是社会资源在社会成员中的不平等分配，因而社会资源是社会分层的根本依据。然而，社会资源种类繁多，戴维·格伦斯基将学术界对于社会分层系统中潜在的社会资源进行归纳如表 2—1—1 所示。

表 2—1—1　　　　分层系统潜在的资源及有价物

资源类型	举例	从事相关研究的学者
经济	土地、农场、工厂的所有权；动产、不动产；劳动力（如奴隶、农奴）	Karl Marx Erik Wright
政治	家庭权威、工作权威、政党权威、宗教领袖	Max Weber Ralf Daherendorf
文化	上层人士的消费行为、良好的教养、生活方式	Pierre Bourdieu Paul DiMaggio
社会	上层人士的社会网络、社会关系、社会团体成员的资格	W. Lloyd Warner James Coleman
荣誉	声望、名誉、尊重、道德和信仰上的高尚	Edward Shils Donald Treiman
民权	财产权、选举权、集会和言论自由	T. H. Marshall Rogers Brubaker

续表

资源类型	举例	从事相关研究的学者
人力	技能、专业、经验、工作培训、正式教育、知识	Kaare Svalastoga Gary Becker

资料来源:(格伦斯基,2005:3)

社会分层标准的选择,从古典社会学就形成了两大传统:马克思的一元标准和韦伯的多元标准。马克思的社会分层标准是生产资料的占有形式(马克思、恩格斯,1995:280)。韦伯(Weber)的社会分层标准主要有三个:权力、财富和声望。他强调决定阶级地位的是市场机遇,财产多寡、收入机会、生活机遇的处境是阶级区分的主要标志。马克思和韦伯的社会分层标准有两个重要区别:(1)在物质生产与分配的经济制度中,马克思强调不平等来源于财产所有权的有无,而韦伯则指出除此之外,不平等还与职务分化、有无知识技能和市场位置有关;(2)马克思指出不平等根源于物质生产体系中财产所有权的有无,而韦伯则指出社会声望和权力也可成为社会不平等的根源(马特拉斯,1990)。

20世纪后期形成的新马克思主义继承和发展了马克思的社会分层理论。普兰查斯(Poulantzas)坚持以生产关系来界定阶级,并以社会关系作为构造阶级的基础(Poulantzas,1982a:106)。索伦森(Sorenson)引入产权概念来解释阶级的形成与变化(张文宏,2006b:95)。赖特(Wright)按照财产所有权、组织资产(organizational assets)与资格认定性技能(credentialized skills)这三个标准,构建了一个包括12种阶级位置的新模式(Wright,1978:63)。而新韦伯主义者则补充和发展了韦伯的多维度分层方法。弗兰克·帕金(Frank Parkin)根据职业标准和技术专长,将阶级结构划分为六个类别(张文宏,2006b:102)。安东尼·吉登斯(Anthony Giddens)认为,阶级分层是财产、资格证书、技术能力、权威以及消费模式等多种因素综合作用的结果。约翰·戈德索普(John Goldthorpe)以市场状态与工作状态为社会分层标准(Goldthorpe,1987:40—43),并以市场关系、就业关系和权威关系为基础构建了"七阶级模式"。

社会分层研究从一般意义上来讲就是对社会群体成员的分类,分层标准乃是分类的标准,而分类标准是有章可循的(张杨波,2007),主要遵循社会科学研究的三个基本原理:一是变异性原理(variability principle),变异性是社会科学研究的真正本质;二是社会分组原理(social grouping principle),分组显示了组内之间的相似性和组间的差异性;三是社会情境原理(Social context principle),社会情境由时间和空间来界定(谢宇,2006:15—18)。

2. 中国社会与住房分层

当代中国的主要社会分层标准有四大类(张文宏,2006a:109):一是以传统马克思主义的生产资料占有关系或是以财产、收入等经济指标来划分阶级阶层(李慎明,2002b;段若鹏,2002);二是以韦伯的多元分层标准(即权力、声望、收入)来进行阶级阶层的划分(陆学艺,2002;杨继绳,2000:404);三是以社会分工为基础的职业作为阶级阶层的划分标准(陆学艺,1989;庞树奇、仇立平,1989;李强,1993;戴建中,1994:158、168;陈婴婴,1995:74;朱光磊,1998;李春玲,2005);四是以利益群体为社会分层标准来划分阶级阶层(李强,2004:33;顾杰善等,1995;李春玲,2005b:93)。

然而有学者认为,选择财富收入、权力、声望、职业等资源作为社会分层的标准非常适合西方完备的市场社会,而这种分层标准并不适合于再分配制度下的社会,也不太适合转型社会(李培林、张翼,2000;刘祖云,2005a;李强,2009)。

西方学者指出,以住房资源作为社会分层的标准具有一定的可行性。雷克斯与摩尔(Rex and Moore)发现,城市大部分居民对住房资源有着共同的价值取向,即希望入住环境清洁、远离烦恼的高尚住宅区或条件优越的郊区,因此对城市住房资源的竞争形成了不同的住房阶级(Rex,1967)。桑德斯认为,在现代社会中住房越来越重要,甚至比基于职业划分更能准确地划分出现代社会的分层状况。换句话说,在这种情况下,观察一个人的住房状况比留意他的工作更为重要。在现代社会中,可以按照个人的住房状况划分为不同的住房阶级。这主要原因是:一是住房是代表财富增长的一个非常重要和有效指标;二是住房所有者具有同质性的经济利益和政治利益;三是住房所有权反映了消费部门的差异,而这种消费方

二 城市住房分层现状分析

面的差异比阶级分析法中生产方面的差异更能反映资本主义社会分化的现实状况（Saunders，1984：202—227）。

我们认为，在转型期的中国社会，选择住房资源作为社会分层的标准既符合变异性原理又符合社会分组原理。中国市场化改革后，居民的收入差距不断扩大。1995年中国的基尼系数为0.42（世界银行，1999：198），1999年为0.457，2000年为0.458，2001年为0.459，2002年为0.460（刘玉照等，2007：12），2006年更达到0.470（城镇居民内部为0.356）（陈杰，2010）。与此同时，中国住房市场化改革，大部分公房变成了私房，房地产市场也在短期内发生飞跃式发展。全国房价不断上涨，就2010年8月份而言，新建住宅销售价格同比上涨11.7%，其中商品住宅销售价格上涨13.1%，普通住宅销售价格上涨12.5%，高档住宅销售价格上涨15.1%；经济适用房销售价格同比上涨1.1%[①]。收入差距的扩大与房价的上涨，使居民的住房差异也在不断扩大。如表2—1—2所示，居民收入的基尼系数达到0.4373，且居民的住房面积基尼系数达到0.3752，居民的住房价值基尼系数达到了0.5020，可见居民住房的差异已经十分显著。同时，不同组之间住房差异性较大。如表2—1—2所示，收入最高的20%组与收入最低的20%组在住房面积方面相差100多平方米，在住房价值方面相差100多万元。住房对于绝大多数家庭来说往往是最重要且是最大笔的支出项目，体现出家庭收入的累积性，在很大程度上能够反映出个人或家庭的支付能力。而且住房不仅仅是生活必需品，是生活资源，而更为重要的是，在房价上涨时期，由于回报丰厚、稳定，住房往往成为优质的投资项目，住房变为生产资料，能够再生产出更多的财富，从而使不同组之间居民在住房方面的分化更为明显。住房所有者的经济地位就更为突出了，住房也成了转型时期城市居民社会经济地位的一种标志（李强，2009：42）。可见，以住房为社会分层的标准，既符合变异性原理又符合社会分组原理，既反映货币标准又补充货币标准衡量的不足。

[①] 8月全国70大中城市房价同比涨11.7%，涨幅微落。资料来源：http：//finance.qq.com/a/20100910/004048.htm。

表 2—1—2　　　广州市居民收入、住房拥有的不平等状况

五等份分组及基尼系数		个人年收入（万）	全年总收入（万）	家庭住房面积（m²）	家庭住房价值（万）
五等份分组	最低 20%	2.6704	5.4871	35.99	19.0428
	次低 20%	3.5587	9.2253	53.45	43.9651
	中间 20%	4.6095	10.2518	65.73	61.7859
	次高 20%	5.5096	11.0410	96.15	99.5917
	最高 20%	8.6637	13.5558	219.55	145.3529
Gini 系数		0.4373	0.3974	0.3752	0.5020
有效样本量		1042	1042	1042	1042

而且，在转型期的中国社会，选择住房资源作为社会分层的标准也符合社会情境原理。转型中国的社会分层受到市场领域和再分配领域的双重影响，因此关于分层标准的确立同时要考虑市场制度、再分配制度和混合性制度（市场制度与再分配制度之间的关系）三方面的影响，这预示了三种不同的社会结构。而住房资源正好融合了这三种不同社会结构的影响，居民住房分层的现状正是这三种因素共同作用的结果。

住房改革前，个人住房资源的获取能力与个人在单位内的再分配权力关系密切相关。居民的住房状况主要是再分配制度作用的结果。住房改革过程中，实际存在"双轨制"的住房分配机制：单位通过公房私有化、自建房、集资建房等方式为职工提供价格优惠的住房，同时新兴的房地产市场为所有城市居民提供普通商品房。这样个人或家庭的住房可以来自于工作单位，根据再分配机制进行分配，也可来自市场，根据支付能力购买。1998 年住房货币化改革后，福利分房制度基本取消，市场成为居民获取住房的主要渠道，但单位（特别是政府机关或大型国有企事业单位）与住房供给之间的联系并未完全割断，某些单位仍然为其职工提供价格优惠的自建房。这样无论从单位获取自建房资格的能力看，还是个人在单位内部获取住房的机会看，都与再分配权力不无关系。因此，在这一时期，居民住房获得渠道不仅体现出了市场能力的大小，而且也在一定程度上反映了再分配权力。同时，政府提供的住房政策也会分化各类住房群体，"可能有人争论个人在住房领域中的市场情境一定意义上依赖于他的收

入,而且因此依赖于他在劳动力市场中的境遇,但是也存在这样的情况,那就是处于相同劳动情境中的个人可能拥有不同的获取住房的手段,而且正是这些手段决定了城市阶层竞争不同于工作场所领域的竞争(Rex,1967:274)"。

(二)分析模型与变量设计

住房分层,可以用不同的指标进行测量。本研究将从住房产权、住房数量、住房面积、住房价值、住房类型、居住小区和住房出租七个指标维度来探讨住房分层的现状。住房产权反映了居民在法律上对住房的占有状况,是居民是否拥有住房的重要指标,住房分配体制的改革意味着,对于租房者而言,拥有住房产权的那些人是经济改革的"赢家"。因而,是否拥有住房产权,也就成为改革时期阶层差异和阶层分化的重要指标(边燕杰、刘勇利,2005:85);住房数量反映了居民占有住房的多少,居民拥有住房的多少直接影响其住房分层中的地位;住房面积反映了居民居住空间的大小;住房类型和住房价值反映了居民拥有的住房的条件与质量的高低,是衡量居民住房分层地位的重要维度;居住小区对于住房价值以及居民居住模式也具有重要意义,良好的居住小区往往意味着便利的交通条件、适宜的居住环境以及齐全的生活设施,因而成为决定住房价值的关键因素。如果说住房面积反映的是居住的物理空间的大小,那么居住小区则反映出了居住的社会空间的优劣,同样也构成了反映住房分层的重要维度之一。

1. 分析模型

本研究选择了潜在类别模型(Latent Class Modeling, LCM)技术。LCM最早由统计学家拉扎斯菲尔德(Lazarsfeld)和亨利(Henry)在1968年的《潜在结构分析》一书中提出,是在对数线性模型基础上发展起来的一种概率模型(Probability Model)。潜类分析可以从观测变量的联合分布概率的特征值中寻找某些具有相同特征构成潜在人群的集合,通过联合分布的最大概率似然值求解法(ML),给出各类观察变量对各类潜变量上的响应概率,研究者可以据此来揭示潜变量之不同维度的基本特征。

假设有 A、B、C 三个外显变量，构成最基本的潜在类别模型如下：

$$\pi_{ijk}^{ABC} = \sum_{t=1}^{T} \pi_t^X \pi_{it}^{\bar{A}X} \pi_{jt}^{\bar{B}X} \pi_{kt}^{\bar{C}X}$$

在公式中，π_{ijk}^{ABC} 表示一个潜在类别模型的联合概率（Joint Probability，为各潜在类别概率的总和）。π_t^X 表示观察数据归属于某一个潜在变量 X 的特定潜在类别的概率，即 P（X = t），t = 1, 2, …, T。$\pi_{it}^{\bar{A}X}$ 表示属于第 t 个潜在类别的受测者对于第 A 个题目上第 i 种反映的条件概率，即 P（A = i/X = t），i = 1, 2, …, I，依此类推（邱皓政，2008：29）。

假设有三个观察变量 A、B 和 C，对这三个变量的潜类分析的经典模型可表述为：

$$\pi_{xabc} = \pi_x \pi_{alx} \pi_{blx} \pi_{clx}$$

这里，π_x 被称为潜概率，即潜变量各类出现的概率，而 π_{alx}、π_{blx} 和 π_{clx} 则是变量 A、B 和 C 在潜变量各类上的条件响应概率，它的对数线性模型可以表述为：

$$\log m_{xabc} = u + u_x^X + u_a^A + u_b^B + u_c^C + u_{xa}^{XA} + u_{xb}^{XB} + u_{xc}^{XC}$$

因此，变量 A 在给定潜类 Xi 下的条件响应概率就可以通过估计饱和模型的参数获得，它们之间的关系为：

$$\pi_{alx} = \frac{\exp(u_a^A + u_{xa}^{XA})}{\sum_a \exp(u_a^A + u_{xa}^{XA})}$$

根据以上的基本统计模型，针对本研究所确定的显示住房分层的几个维度，我们的研究模型如下所示：

$$\pi_{x_1 CNSVLQY} = \pi_{x1} \prod_{C_i} \prod_{N_j} \prod_{S_k} \prod_{V_a} \prod_{L_i} \prod_{Q_i} \prod_{Y_i}$$

2. 变量设计

住房虽是家庭成员共享的生活资源，但我们的研究还是以居民个人为分析单位，对不同居民的住房状况进行分层。在数据处理过程中，我们选择了被访者家庭中的经济主要来源者之一作为分析对象，这主要基于以下两点考虑：首先，已有的社会分层理论大多建立在个体基础之上，缺乏家庭社会分层的分析框架，因此我们选择家庭中的经济主要来源者之一的个体作为分析的对象；其次，在家庭人口学中，户主是研究家庭结构或亲属关系等问题时的关键分析对象。然而，从中国的现实国情来看，户主是比较复杂的。一方面，家庭户主与住房户主有时候是不一致的，选择户主时可能会产生混乱；另一方面，住房户主有时候是没有任何经济来源者，如父母为未成年子女买房，住房的户主并不是父母而是其子女；再者，按照一般的做法，男性被认定为夫妻户中的户主（曾毅、郭志刚，1994）。而随着社会的发展，女性的经济地位在不断上升，有时家庭中真正能反映家庭社会阶层地位的不是户主，而是家庭中经济主要来源者。鉴于此，我们选择家庭中主要经济来源者之一作为分析对象不仅可避免一些混乱与尴尬，而且以家庭主要经济来源者作为分析对象更有分析价值与意义。

研究模型表示的是住房资源八个维度变量之间的联合分布的潜类模型。其中，X_l 表示各个模型中的潜类，C_i、N_j、S_k、V_a、L_l、Q_l、Y_l 分别表示的是住房产权变量组、住房数量变量组、住房面积变量组、住房价值变量组、住房类型变量组、住房小区变量组和住房出租变量组。以下将对各组变量作出详细说明。

（1）C_i 变量组——住房产权变量

该组变量用于测量居民住房产权的差异，共包含二个变量：无住房产权和有住房产权。

无住房产权情况：根据受访者目前所居住住房的产权情况及别处有无住房的情况，将租赁私房、租赁公房（包括政府直管公房及单位公房）以及自己没有产权且别处也没有住房的情况皆定义为无住房产权。

有住房产权情况：根据受访者目前所居住住房的产权情况及别处有无住房的情况，将自己拥有部分产权和全产权的情况皆定义为有住房产权。

（2）N_j 变量组——住房数量变量

该组变量用于测量居民住房数量上的差异，共包含三个变量：没有住房、一套住房和二套及以上住房。

没有住房：根据受访者目前所居住住房的产权情况及别处有无住房的情况，将现居住的住房无产权且别处无其他住房的情况定义为没有住房。

一套住房：根据受访者目前所居住住房的产权情况及别处有无住房的情况，将现居住的住房有产权或别处有一处有产权的住房的情况定义为一套住房。

二套及以上住房：根据受访者目前所居住住房的产权情况及别处有无住房的情况，将现居住的住房有产权且别处还有一处或一处以上有产权房的情况定义为二套及以上住房。

（3）S_k变量组——住房面积变量

该组变量用于测量居民住房面积上的差异。首先，根据受访者目前所居住的住房建筑面积情况及别处有无住房的情况，将现居住的住房建筑面积加上别处有产权住房的建筑面积，得出受访者住房面积总和。其次，根据受访者目前所拥有的住房总建筑面积情况按面积大小由低到高分为五等份。

（4）V_a变量组——住房价值变量

该组变量用于测量居民住房价值上的差异。首先，根据受访者目前所居住的住房价值情况及别处有无住房的情况，将现居住的住房价值加上别处有产权住房的价值，得出受访者住房价值总和。其次，根据受访者目前所拥有的住房总价值情况按价值大小由低到高分为五等份。

（5）L_i变量组——住房类型变量

该组变量用于测量居民住房类型上的差异，共包含五个变量：租住住房、商品房、保障房、单位房、继承房。

租住住房包括承租私人住房、市直管公房、单位直管公房、廉租房和经济租赁房等；保障房含解困房、安居房、经济适用房、限价房和拆迁安置新社区住房等；单位房包括房改房、单位集资房等。

（6）Q_j变量组——住房小区变量

社区类型划分三大类：低档社区、中档社区和高档社区，它们代表了不同质量的住宅类型。

低档社区是由：（1）城镇边缘社区，涵括集镇社区和新近由农村转变过来的城镇社区；（2）未经改造的老城区，即城镇的旧城区域等组成。

中档社区主要由：（1）单位社区，包括企业单位社区、事业单位社区和政府机关社区；（2）经济适用房小区；（3）普通商品房小区等组成。

高档社区主要由高档住宅小区和别墅区组成。

(7) Y_i 变量组——住房出租变量

该组变量用于测量居民住房出租上的差异，共包含两个变量：有住房出租和无住房出租。

有住房出租：根据受访者目前所居住住房情况及别处有无住房出租情况，将居民居住住房外还有一处或一处以上住房用来出租收取租金的情况定义为有住房出租。

无住房出租：据受访者目前所居住住房情况及别处有无住房出租情况，将居民居住住房外没有任何住房用来出租收取租金的情况定义为无住房出租。

基于研究目的的不同，LCA 模型可以区分为探索性与验证性两种不同的操作形式。前者对于潜在类别的数目和相关参数没有设定限制，纯粹根据数据的拟合程度来决定适配模型，而后者则是通过先验模型与观察数据的对比，来检验假设模型是否成立。本研究采取前种建模方式，即采用探索性分析方法，从潜在类别数目为 1 的基准模型，逐渐增加潜在类别的数目，并逐一检验每一个模型的适配性，从而选出最佳模型。针对同一组数据，潜类分析可以划分为多少个潜类，主要视模型的数据拟合状况而定。在此将本研究的模型的五潜类模型拟合检验结果列表如表 2—2—1。

表 2—2—1　　　　　各维度五潜类模型拟合度检验

	G^2	P	BIC	df	Para
模型	1868.696	1.0000	12086.301	8887	99

（三）数据分析与结果

利用潜在类别模型，我们将住房产权、住房数量、住房面积、住房价值、住房类型、居住小区和住房出租等变量的联合列联分布采用潜类分析技术加以估计，具体如表 2—3—1 所示，样本被区分为 5 个主要类别。在这 5 个类别中，各类样本的住房产权、住房数量、住房面积、住房价值、住房类型、住房小区和住房出租等具有如下基本特征。严格来讲，潜类模型表中的数据都是指各观察变量值在某潜类上的响应概率，而不是简单的百分比。但描述中我们采用了百分比的方法来解释，这样做更容易让人理解，且不会影响数据结果的实质。

潜类1：占样本总数的14.5%

这类群体居民基本上都有住房产权；住房数量都为二套及以上住房；住房面积82.6%在最高20%组，16.6%在次高20%组；住房价值69.5%为最高20%组，24.3%在次高20%组；住房类型65.0%为商品房；居住小区62.4%为中、高档社区；这类群体60.2%的居民有住房出租受益。

潜类2：占样本总数的15.0%

这类群体居民均有住房产权；96.4%的居民有一套住房；他们的住房面积51.9%在最高20%组，38.5%在次高20%组；住房价值20.7%在最高20%组，26.6%在次高20%组，31.0%在中间20%组；住房类型94.8%为继承房；居住小区皆为低档社区；这类群体99.2%的居民没有住房出租获益，有8%的居民有住房出租获益。

潜类3：占样本总数的32.9%

这类群体居民也都有住房产权；住房数量99.2%只有一套；住房面积34.2%为次高20%组，45.1%为中间20%组；住房价值19.3%在最高20%组，37.0%在次高20%组，30.7%在中间20%组；住房类型51.6%为商品房；居住小区79.1%为中档社区；这类群体居民一般都没有出租住房获益。

表2—3—1　　　　住房相关条件与住房现状潜类分析表

潜类及规模		潜类1	潜类2	潜类3	潜类4	潜类5
		0.14491	0.14971	0.32917	0.20921	0.16699
住房产权	无产权	0.075*(0.022)	0.000(0.000)	0.000(0.000)	0.000(0.000)	1.000(0.000)
	有产权	0.925**(0.022)	1.000(0.000)	1.000(0.000)	1.000(0.000)	0.000(0.000)
住房数量	没有住房	0.000(0.000)	0.000(0.000)	0.000(0.000)	0.000(0.000)	0.989**(0.008)
	一套住房	0.000(0.000)	0.964**(0.024)	0.992**(0.009)	1.000(0.000)	0.000(0.000)
	二套及以上住房	1.000(0.000)	0.036(0.024)	0.008(0.009)	0.000(0.000)	0.011(0.008)

续表

潜类及规模		潜类1 0.14491	潜类2 0.14971	潜类3 0.32917	潜类4 0.20921	潜类5 0.16699
住房面积	最低20%组	0.000(0.000)	0.000(0.000)	0.001(0.006)	0.514**(0.068)	0.552**(0.038)
	次低20%组	0.000(0.000)	0.000(0.000)	0.203**(0.046)	0.412**(0.055)	0.230**(0.032)
	中间20%组	0.008(0.010)	0.096**(0.027)	0.451**(0.033)	0.074*(0.035)	0.184**(0.029)
	次高20%组	0.166**(0.035)	0.385**(0.044)	0.342**(0.038)	0.000(0.000)	0.029*(0.013)
	最高20%组	0.826**(0.037)	0.519**(0.043)	0.003(0.003)	0.000(0.000)	0.006(0.006)
住房价值	最低20%组	0.000(0.000)	0.095**(0.024)	0.028*(0.011)	0.121**(0.026)	0.960**(0.015)
	次低20%组	0.043*(0.017)	0.121**(0.027)	0.103**(0.029)	0.612**(0.047)	0.000(0.000)
	中间20%组	0.019(0.013)	0.310**(0.040)	0.307**(0.028)	0.220**(0.035)	0.034*(0.014)
	次高20%组	0.243**(0.038)	0.266**(0.041)	0.370**(0.029)	0.047(0.036)	0.000(0.000)
	最高20%组	0.695**(0.042)	0.207**(0.035)	0.193**(0.028)	0.000(0.000)	0.006(0.006)
住房类型	租住住房	0.075*(0.022)	0.000(0.000)	0.000(0.000)	0.023*(0.010)	0.936**(0.019)
	商品房	0.650**(0.045)	0.010(0.010)	0.516**(0.034)	0.138**(0.037)	0.023*(0.011)
	保障房	0.024(0.013)	0.042(0.026)	0.061*(0.018)	0.122**(0.025)	0.023*(0.011)
	单位房	0.089**(0.026)	0.000(0.000)	0.413**(0.031)	0.526**(0.037)	0.006(0.006)
	继承房	0.162**(0.035)	0.948**(0.028)	0.010(0.007)	0.192**(0.036)	0.012(0.008)
居住小区	低档社区	0.376**(0.048)	1.000(0.000)	0.194**(0.028)	0.535**(0.050)	0.678**(0.035)
	中档社区	0.373**(0.042)	0.000(0.000)	0.791**(0.027)	0.465**(0.050)	0.322**(0.035)
	高档社区	0.251**(0.039)	0.000(0.000)	0.014*(0.007)	0.000(0.000)	0.000(0.000)
出租	无出租住房	0.398**(0.045)	0.992**(0.008)	1.000(0.000)	1.000(0.000)	1.000(0.000)
	有出租住房	0.602**(0.045)	0.008(0.008)	0.000(0.000)	0.000(0.000)	0.000(0.000)

注：表中括号内数字为标准差，* $p<0.05$ ** $p<0.001$

潜类4：占样本总数的20.9%

这类群体居民一般都有住房产权；住房数量都为有一套住房；住房面积51.4%为最低20%组，41.2%为次低20%组；住房价值95.3%为中间偏下组；住房类型64.8%为单位房和保障房；居住小区53.5%为低档社区，46.5%为中档社区；这类群体一般都没有出租住房获益。

潜类5：占样本总数的16.7%

这类群体居民都没有住房产权；98.9%的居民没有住房；住房面积96.6%在中间偏下组；住房价值96.0%在最低20%组；住房类型93.6%为租住住房；居住小区67.8%为低档社区，32.2%为中档社区；这类群体一般都没有住房出租。

（四）分析与讨论

以上我们从住房产权、住房数量、住房价值、住房类型、住房小区和住房出租等变量的联合列联分布中发现居民住房现状的五大类别。潜类5主要由无住房产权、住房数量为0的居民组成，我们将此类群体称为无产权房阶层；潜类1主要由有住房产权且住房数量在二套及以上的居民组成，我们将此类群体称为多产权房阶层；潜类2、潜类3和潜类4的居民都只有一套有产权的住房，其中，潜类3和潜类4居民的住房主要是自致性住房，即商品房、单位房与保障房，潜类2居民的住房主要是先赋性住房，即继承房，而商品房、单位房与保障房等自致性住房又可分为体制外自致性住房（商品房）和体制内自致性住房（单位房和保障房）。因此，我们将潜类3居民群体称为商品性产权房阶层，潜类2居民群体称为继承性产权房阶层，而潜类4居民的保障房和单位房虽有产权，但不是从完全市场上获得的，并带有福利性质，因此我们将此类群体称为福利性产权房阶层。具体参见表2—4—1。

表2—4—1　　　　　城市住房分层现状一览表

住房产权	有产权				无产权
住房数量	1套			2套及以上	0套
住房获得方式	自致		先赋	多产权房阶层	无产权房阶层
	体制外自致	体制内自致	继承性产权房阶层		
	商品性产权房阶层	福利性产权房阶层			

二 城市住房分层现状分析

1. 城市住房阶层的基本状况

（1）住房阶层的阶层地位分析

城市住房五大阶层的住房阶层地位[①]由高到低依次为：多产权房阶层、继承性产权房阶层、商品性产权房阶层、福利性产权房阶层和无产权房阶层（如图2—4—1所示）。住房阶层地位因子得分是一个标准分：均值为0，标准差为1，正数表明超过平均水平，负数表明低于平均水平。图2—4—1显示，福利性产权房阶层和无产权房阶层的住房阶层地位（均值）低于平均水平。

表2—4—2　　　　住房阶层与住房阶层地位交互表（%）

住房分层	住房阶层地位 下层	中下层	中层	中上层	上层	百分比
无产权房阶层	100.0	2.01	0.26	0.00	0.00	16.70
福利性产权房阶层	0.00	84.92	12.34	0.58	0.00	20.92
商品性产权房阶层	0.00	8.54	62.47	46.20	3.51	32.92
继承性产权房阶层	0.00	2.01	23.14	30.41	8.77	14.97
多产权房阶层	0.00	2.51	1.80	22.81	87.72	14.49
合　　计	100.0	99.99	100.0	100.0	100.0	100.0

Pearson chi2（16）＝ 2.2e+03　Pr ＝ 0.000
gamma ＝0.9191

---

① 广州住房阶层等级结构是根据住房地位量表对居民进行住房地位赋分的基础上建构的。住房阶层等级量表主要由住房产权、住房数量、住房面积、住房价值及住房区位等指标组成。住房产权：无赋1分，有赋6分。住房数量一套赋1分，二套赋2分，三套及以上赋3分；住房面积指居民住房的建筑总面积，参考广州市廉租房要求50平方米以内为基准，我们以50平方米以下赋1分，每增20平方米加1分，130平方米以上为最高分6分；住房价值指居民有产权的住房的市场总价值，参考广州市2010年7月份的住房均价10386元/平方米，我们将住房价值在50万元及以下赋1分，每增20万元加1分，130万元以上为最高分6分；高档社区、中档社区和低档社区分别赋3、2、1分。由此将总分加总，构成一个具有五个层次的定序变量：上层（21—24分）、中上层（17—20分）、中层（13—16分）、中下层（9—12分）和下层（5—8分）。

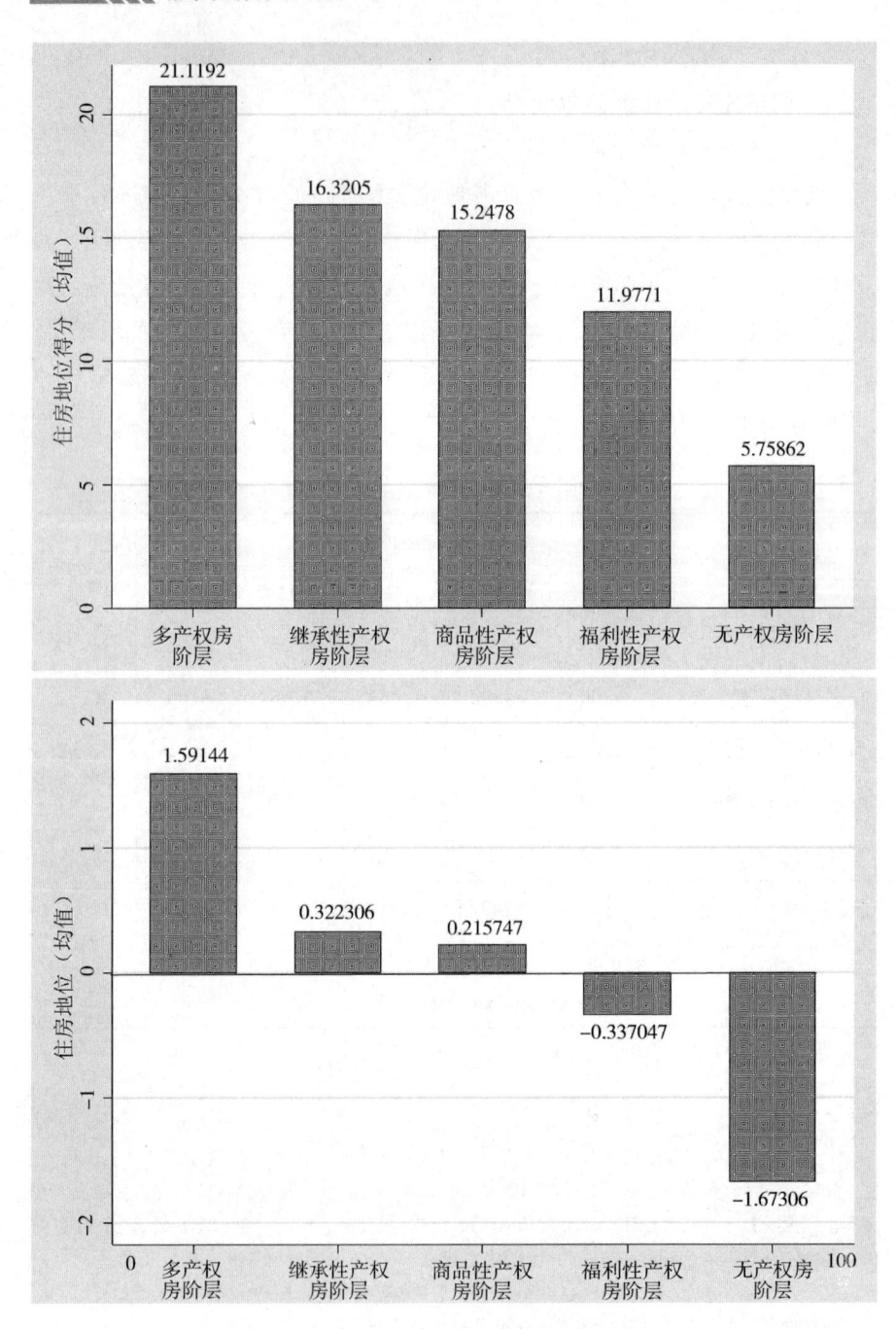

图 2—4—1　住房各阶层的住房阶层地位排序

从表2—4—2中可以看出，城市住房分层与住房阶层地位之间存在强相关（gamma = 0.9191），不同住房阶层的社会成员其住房阶层地位也存在显著性差异，住房阶层地位的下层100%是无产权房阶层；住房阶层地位处于中下层的，福利性产权房阶层占84.92%；住房阶层地位处于中层的，商品性产权房阶层占62.47%，福利性产权房阶层占12.34%，继承性产权房阶层占23.14%；住房阶层地位处于中上层的，商品性产权房阶层占46.20%，多产权房阶层占22.81%，继承性产权房阶层占30.41%；住房阶层地位处于上层的，多产权房阶层占87.72%。（具体参见图2—4—2）

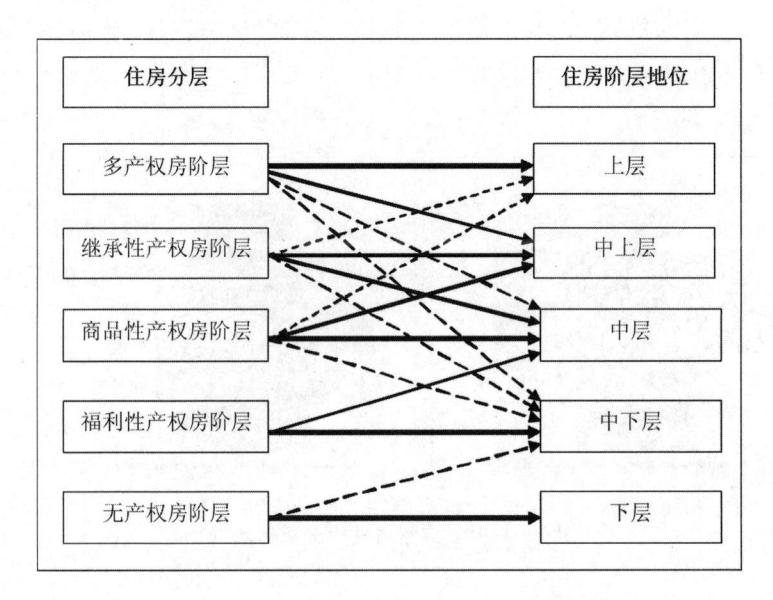

图2—4—2 广州市住房阶层与住房阶层地位

（2）住房阶层的阶层结构分析

学者普遍认为，现代化的社会结构是"两头小中间大"的橄榄型等级结构，而传统的社会结构是"上尖下大"的金字塔型等级结构。关于中国社会等级结构，有"断裂化"（孙立平，2003）、"中产化"（陆学艺，2002）、"结构化"（李路路，2003）和"碎片化"（李培林等，2004）等不同研究结论。不过大部分学者认为，中国目前的社会结构还未发展到橄榄型的结构，也就是说，还未能形成庞大的社会中间层。那么，在广州市住房各阶层的分布形态又如何呢？总体上看，我们调查数据显示，广州市居民属于多产权房阶层的占14.49%，无产权房阶层的占16.70%，商品性产权房阶层的占32.92%，继承性产权房阶层的占

14.97%，福利性产权房阶层的占 20.92%。广州市居民住房阶层地位处于中层的占 37.33%，处于下层的占 16.22%，上层的占 10.94%，中上层的占 16.41%，中下层的占 19.10%。可见，广州市住房阶层结构近似橄榄型结构（具体参见图 2—4—3）。住房分层是社会阶层分化的外在表现，因此，可以说，这种橄榄型结构还从另一视角诠释了广州市社会经济比较发达，现代化程度较高，城市的中间阶层在不断扩大的事实。但下层和中下层比例仍然比较大，如将中下层和下层合并，则将呈现出金字塔型。由于缺乏历年的追踪调查数据，在这我们难以准确描述广州市住房等级结构的详细演变过程。

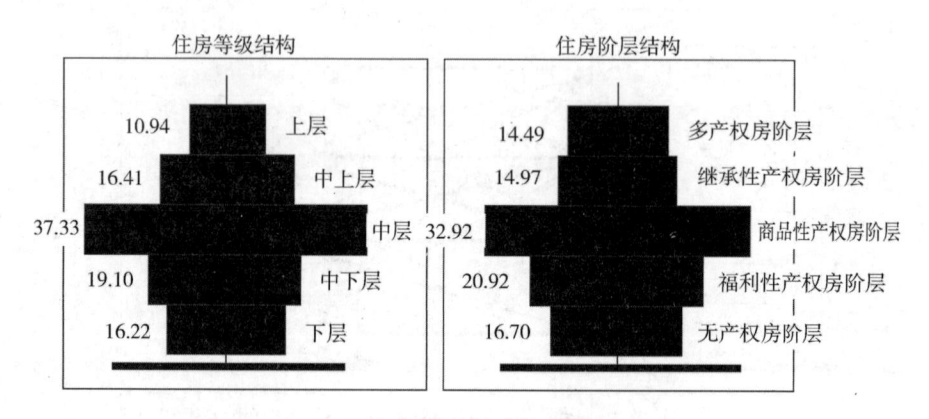

图 2—4—3 广州市住房分层形态图

（3）住房阶层与职业分层

笔者根据李路路（李路路，2003）的职业分层将职业分为中高级管理人员，专业与科研人员，一般管理人员，办事人员及科员、技术人员，个体工商户和体力劳动者六大类。从表 2—4—3 中我们发现，城市住房阶层与居民职业之间存在弱相关关系（Kendall's tau－b ＝0.0829）。城市住房阶层在职业上的分布情况是：22.65% 的体力劳动者，15.48% 的技术工人，10.34% 的一般管理人员及办事员、科员及 12.08% 的个体工商户属于无产权房阶层；32.50% 的个体工商户，20.34% 的中高级管理人员，11.21% 的一般管理人员及办事员、科员及 12.77% 的专业及科研人员属于多产权房阶层；32.92% 的个体工商户，38.10% 的技术工人，55.93% 的中高级管理人员，70.21% 的专业及科研人员，50.00% 一般管理人员及办事员、科员，22.01% 的体力劳动者属于商品

二　城市住房分层现状分析

房阶层；16.38%的一般管理人员及办事员、科员，19.05%的技术工人，28.85%体力劳动者及13.75%的个体工商户属于福利房阶层；20.09%的体力劳动者，17.86%的技术工人，8.75%的个体工商户和12.07%的一般管理人员及办事员、科员属于继承房阶层（具体参见图2—4—5）。从图2—4—4我们可以发现，中高级管理人员、专业及科研人员和个体工商户的住房阶层地位较高，而技术工人和体力劳动者的住房阶层地位（均值）低于平均水平，其中体力劳动者的住房阶层地位（均值）最低。

表2—4—3　　　　住房分层与居民职业交互表（%）

住房分层	中高级管理人员	专业及科研人员	一般管理人员及办事员、科员	技术工人	体力劳动者	个体工商户	百分比
无产权房阶层	8.47	2.13	10.34	15.48	22.65	12.08	16.37
福利性产权房阶层	8.47	8.51	16.38	19.05	28.85	13.75	20.91
商品性产权房阶层	55.93	70.21	50.00	38.10	22.01	32.92	33.33
继承性产权房阶层	6.78	6.38	12.07	17.86	20.09	8.75	14.89
多产权房阶层	20.34	12.77	11.21	9.52	6.41	32.50	14.50
合　　计	99.99	100.0	100.0	100.0	100.0	100.0	100.0

Pearson chi2 (20) = 209.3246　Pr = 0.000

Kendall's tau - b = 0.0829

(4) 城市住房阶层与教育分层

从某种程度上讲，城市居民受教育状况不仅决定着一个人能力和素质的高低，而且也决定着其获取住房资源的能力。从表2—4—4中我们发现，城市住房阶层与教育之间存在正相关关系（gamma = 0.2237）。城市住房阶层在教育上的分布情况是：初中及以下教育程度的居民和研究生以上的居民几乎很少有人属于多产权房阶层；高中教育程度中有19.19%的居民、本科教育程度中有13.64%的居民属于多产权房阶层；大专和本科教育程度的居民近半成以上属于商品房阶层，而研究生及以上教育程度的

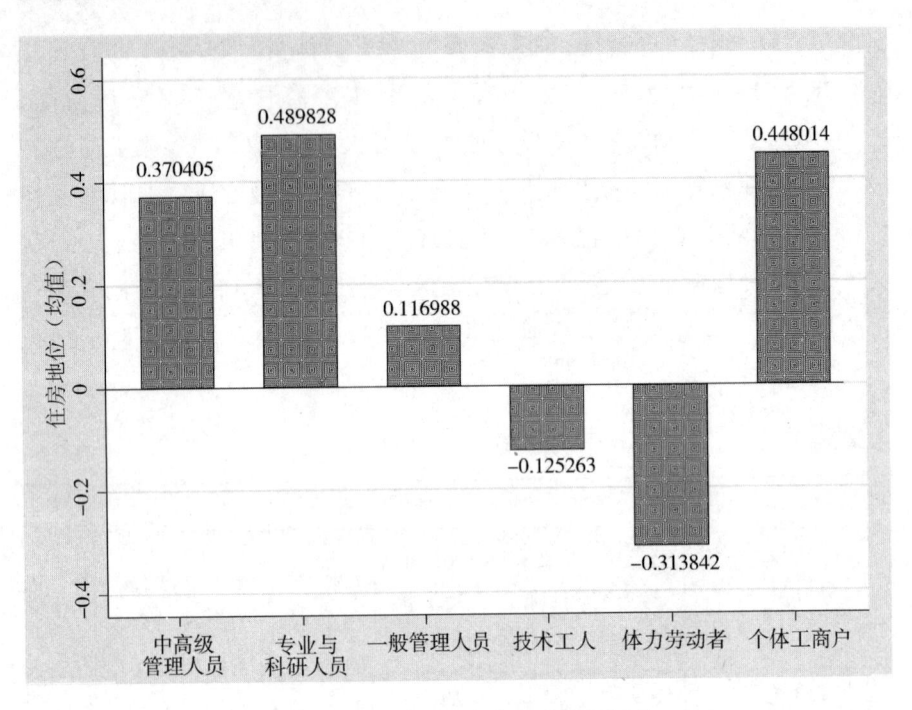

图 2—4—4 居民职业与住房阶层地位

居民92.59%属于商品房阶层；小学教育程度居民35.09%，初中教育程度居民26.92%，高中教育程度居民21.46%，大专教育程度居民19.20%属于福利房阶层。如图2—4—6所示，高中及以下教育程度的居民住房阶层地位（均值）低于平均水平，而研究生以上学历的居民住房阶层地位（均值）最高。

表 2—4—4 住房分层与居民教育程度交互表（%）

住房分层	小学及以下	初中	高中	大专	本科	研究生及以上	百分比
无产权房阶层	14.04	17.69	20.16	12.00	4.55	0.00	16.70
福利性产权房阶层	35.09	26.92	21.46	19.20	6.82	3.70	20.92
商品性产权房阶层	19.30	33.08	23.09	49.60	68.18	92.59	32.92
继承性产权房阶层	26.32	17.69	16.10	10.40	6.82	0.00	14.97

续表

住房分层	教育程度						百分比
	小学及以下	初中	高中	大专	本科	研究生及以上	
多产权房阶层	5.26	4.62	19.19	8.80	13.64	3.70	14.49
合计	100.0	100.0	100.0	100.0	100.0	100.0	100.0

Pearson chi2（20）= 175.3479　　Pr = 0.000

gamma = 0.2237

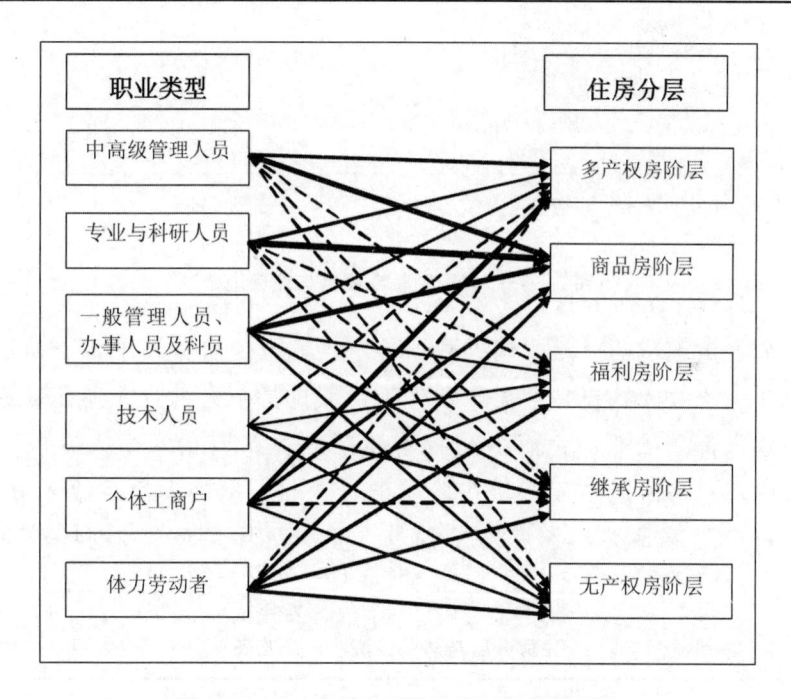

图2—4—5　广州市住房分层与职业类型图

从表2—4—4中可以看出，城市住房阶层与教育之间的关系：城市住房阶层与教育之间存在显著性正相关，即在住房分层中处于不同阶层地位的社会成员其受教育状况也存在显著性差异，住房分层中阶层地位越高的社会成员其受教育的年限越长、文化程度也越高。

（5）城市住房分层与收入分层

收入是衡量人们经济地位高低的常用方法，通过收入差别能反映

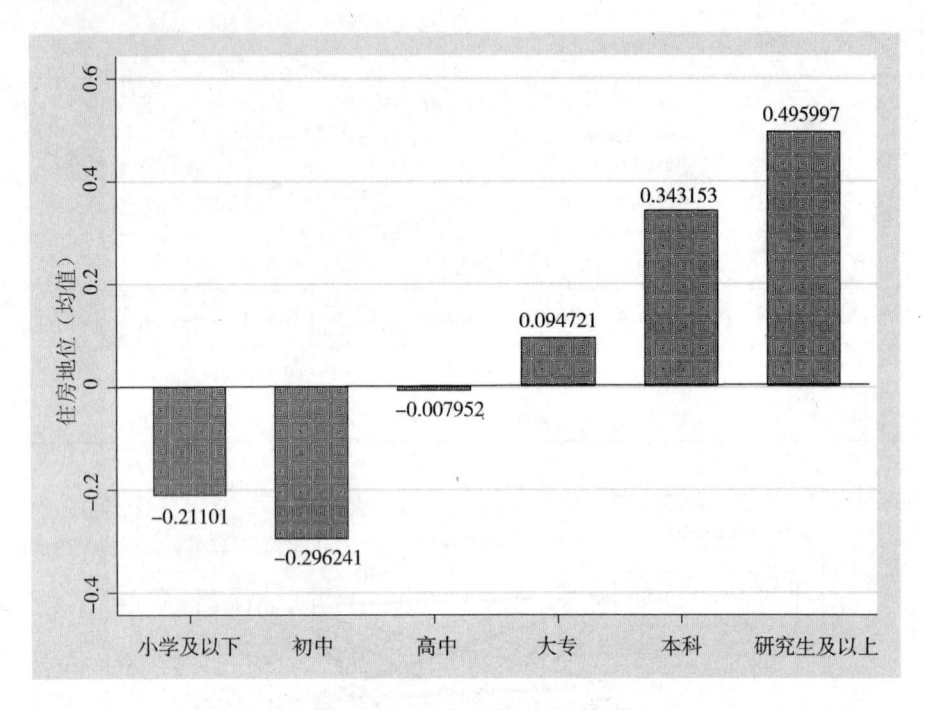

图 2—4—6　居民教育程度与住房地位

出人们经济地位的差距。调查数据显示，城市住房分层中各个阶层的家庭年人均收入状况是：无产权房阶层无论是个人月收入还是家庭人均月收入都是最低的，而多产权房阶层则是最高的。个人月收入方面，多产权房阶层是无产权房阶层的近 4 倍；家庭人均月收入方面，多产权房阶层是无产权房阶层的近 3 倍。具体参见表 2—4—5 和图 2—4—7。

表 2—4—5　　　　　　住房分层与居民经济收入交互表

住房分层	经济收入（元）	
	个人月收入 Mean　Std. Dev.	家庭人均月收入 Mean　Std. Dev.
多产权房阶层	8329.14（8883.05）	4272.75（3822.20）
继承性产权房阶层	2582.76（1120.59）	1790.50（1465.24）
商品性产权房阶层	4357.19（2859.60）	3313.86（4046.06）
福利性产权房阶层	2453.88（1133.83）	1932.24（1843.11）

续表

住房分层	经济收入（元）	
	个人月收入 Mean　Std. Dev.	家庭人均月收入 Mean　Std. Dev.
无产权房阶层	2265.75（1590.41）	1552.24（1239.95）
合　计	3919.68（4357.78）	2641.53（3116.68）
	Pearson correlation = 0.4111 Pr = 0.000	Pearson correlation = 0.3241　Pr = 0.000

表2—4—5中显示，城市住房分层与收入之间存在显著性正相关，即在住房分层中处于不同阶层地位的社会成员其收入状况也存在显著性差异，社会成员在住房分层中的阶层地位越高、其收入也越高。

（6）住房阶层的客观阶层地位分析

城市住房阶层的客观阶层地位[①]状况如表2—4—6所示。我们发现无产权房阶层中居民客观阶层地位一般较低，最下层居民的14.29%，下层居民的26.24%和中下层居民的16.81%都属于这一阶层；多产权房阶层中居民客观阶层地位并不高，中层居民的34.29%，中上层居民的15.12%，中下层居民的12.75%，最下层居民的14.29%属于这一阶层；商品性产权房阶层中居民客观阶层地位普遍较高，上层居民的79.17%，中上层居民的77.91%，中层居民的42.38%，中下层居民的30.43%，下层居民的16.91%及最下层居民的14.29%属于这一阶层；福利性产权房阶层中居民客观阶层地位也普遍较高，上层居民的16.67%，中下层居民的25.22%，下层居民的30.32%都属于这一阶层；继承性产权房阶层中居民客观阶层地位较低，最下层居民的57.14%，下层居民的21.57%，中下层居民的14.78%属于这一阶层。

---

① 社会经济地位是根据《中国大城市居民社会经济地位量表》（具体参见李强《当代中国社会分层：测量与分析》，北京师范大学出版社2010年版，第28页），依经济收入、教育程度和职业三个变量计算得出，我们将广州城市居民的社会经济地位分为六层：上层（18—20分）、中上层（15—17分）；中层（12—14分）、中下层（9—11分）；下层（6—8分）和最下层（3—5分）。

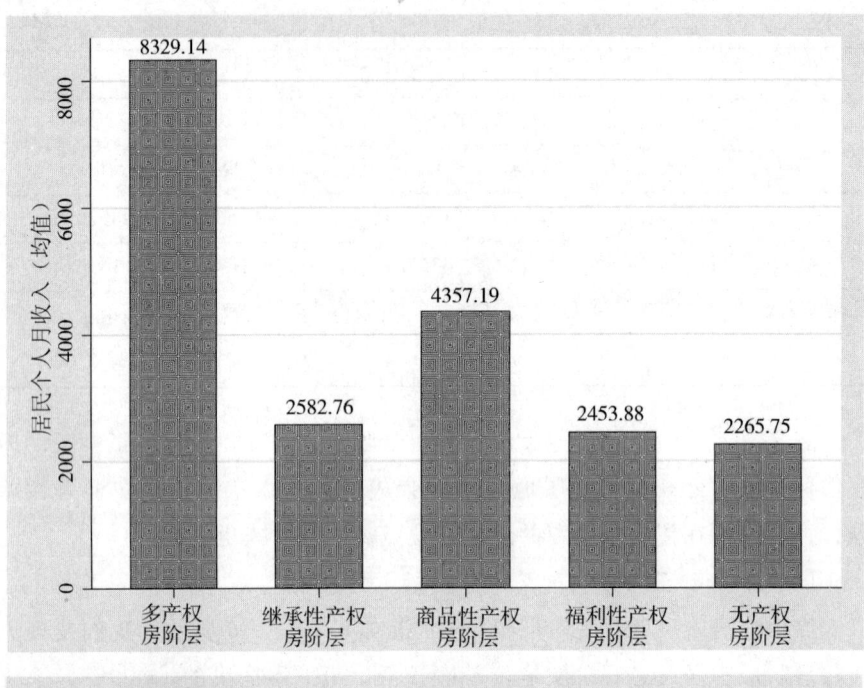

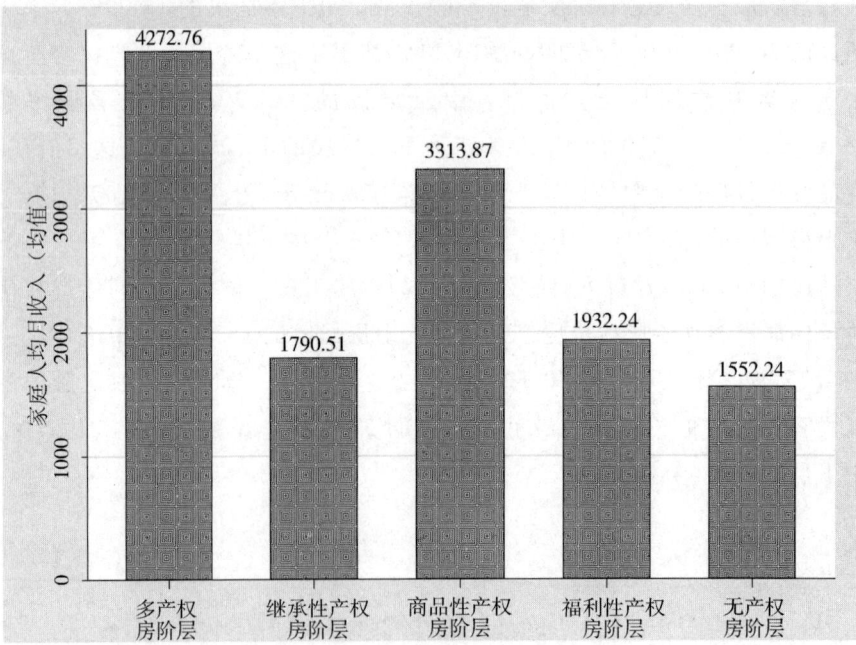

图 2—4—7 各住房阶层居民收入情况

二 城市住房分层现状分析

表 2—4—6　　住房阶层与居民客观阶层地位（社会经济地位）交互表（%）

住房分层	居民社会经济地位						百分比
	最下层	下层	中下层	中层	中上层	上层	
无产权房阶层	14.29	26.24	16.81	6.67	2.33	4.17	16.35
福利性产权房阶层	0.00	30.32	25.22	7.62	1.16	16.67	20.89
商品性产权房阶层	14.29	16.91	30.43	42.38	77.91	79.17	33.40
继承性产权房阶层	57.14	21.57	14.78	9.05	3.49	0.00	14.88
多产权房阶层	14.29	4.96	12.75	34.29	15.12	0.00	14.48
合计	100.0	100.0	99.99	100.0	100.0	100.0	100.0

Pearson chi2（20）= 316.1431　Pr = 0.000

gamma = 0.3948

总的看来，各住房阶层中商品性产权房阶层的客观阶层地位最高，其次是多产权房阶层。一般来说，居民客观阶层地位越高，其住房地位也越高（参见图 2—4—8）。

2. 住房分层的效度分析比较与检验

本研究将住房资源占有状况作为划分社会阶层的主要标准，那么这一分层标准是否有效呢？过去的社会分层理论认为越有效的社会分层方式，应该越贴近现实社会经济资源分配的不平等，社会经济资源的不平等可以用收入与教育两个指标来衡量（Blau、Duncan，1967）。下面我们将从教育和收入两个方面比较新韦伯派 EGP 阶级分类法、中国社科院十大阶层分类法和本研究的住房分层之间的差异。

为了检验住房分层的效度，我们将其与新韦伯派 EGP 阶级分类法和当代中国社会十大阶层进行比较。EGP（Erikson/Goldthorpe/Portocarero）新韦伯派阶级分类是英国学者 John Goldthorpe 等提出的西方社会最有代表性的社会分层理论。而中国社会十大阶层划分是中国社科院当代社会分层课题组提出的最有典型性的中国社会分层理论。三种社会分层方法的描述统计见表 2—4—7。

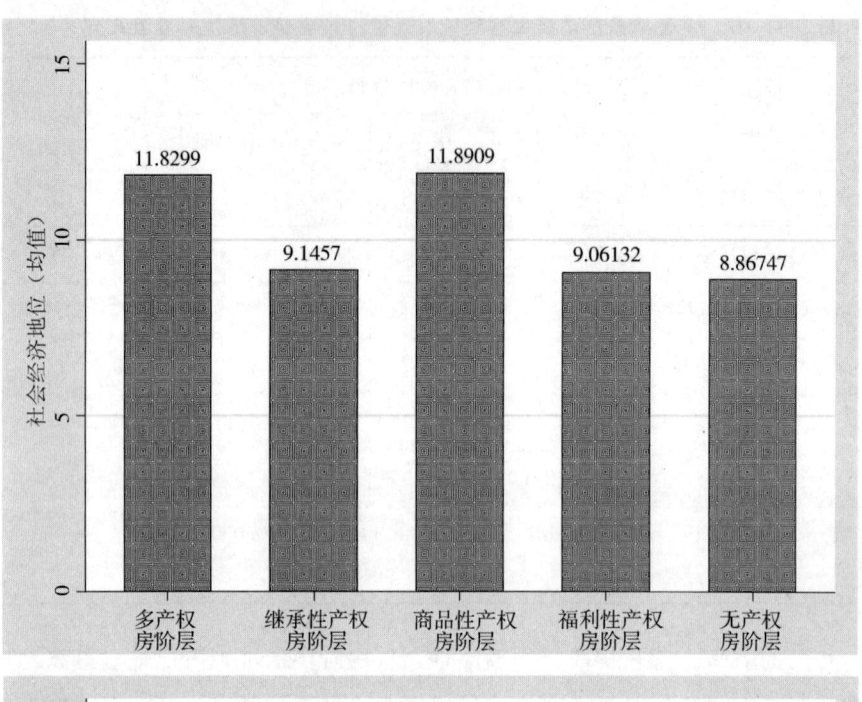

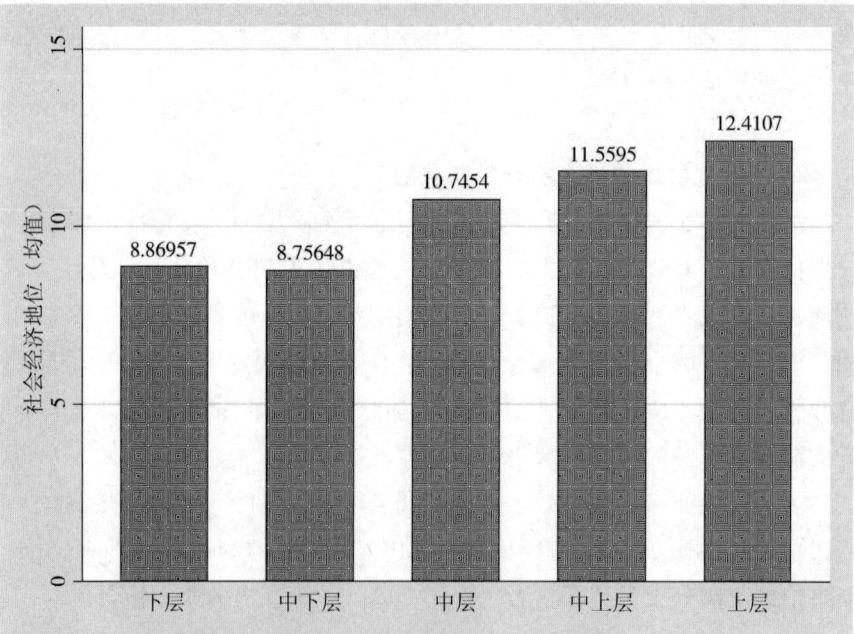

图 2—4—8　住房阶层与社会经济地位

表 2—4—7　　　三种社会分层方法的描述性统计比较

	人口比（%）	平均月收入（标准误）	平均教育年限（标准误）
城市住房五大阶层			
无产权房阶层	16.70	2251 (1562)	11.67 (1.97)
福利性产权房阶层	20.92	2651 (2393)	11.44 (2.47)
商品性产权房阶层	32.92	4564 (3561)	13.18 (2.98)
继承性产权房阶层	14.97	2736 (1837)	11.38 (2.41)
多产权房阶层	14.49	9068 (9920)	12.34 (1.79)
加总	100.00	4157 (5038)	12.17 (2.60)
新韦伯派 EGP 阶层分类			
控制者	9.57	4739 (3677)	13.95 (2.38)
例行非体力劳动者	12.33	4442 (2689)	14.37 (3.26)
自雇者	23.67	7619 (8425)	11.72 (1.83)
技术体力工人	8.28	3140 (1195)	12.41 (2.59)
非技术体力工人	46.15	2518 (2382)	11.45 (2.26)
加总	100.00	4226 (5084)	12.19 (2.59)
当代中国社会十大阶层			
国家与社会管理者阶层	5.66	5741 (4387)	14.22 (2.62)
经理人员阶层	3.65	3184 (915)	13.55 (1.91)
私营企业主阶层/个体工商户阶层	23.02	7619 (8425)	11.72 (1.83)
专业技术人员阶层	4.51	5927 (2670)	16.51 (2.93)
办事人员阶层	7.49	3548 (2287)	13.08 (2.75)
商业服务业员工阶层	4.13	2767 (3207)	11.60 (2.61)
产业工人阶层	47.80	2610 (2174)	11.62 (2.29)
城乡无业、失业与半失业阶层	3.74	1773 (1356)	11.17 (2.76)
加总	100.00	4157 (5038)	12.17 (2.60)

注：以上社会分层方法中，农民排除在外（N = 1042）。

我们用方差分析来评估三种社会分层方法对受访者月收入（对数）与教育程度差异的解释能力，结果详见表 2—4—8。当用 R^2 来测量三种分层方法所解释的所得收入对数与教育程度的变异量时，EGP阶级分类法解释了26.9%的月收入对数变异与17.7%的教育程度变异；当代中国社会十大阶层分类法解释了29.4%的月收入对数变异与21.6%的教育程度变异；本研究的城市住房分层方法解释了29.6%的月收入对数变异与21.5%的教育程度变异。因此，我们认为，城市住房分层方法在解释中国的社会不平等时，也具有显著的效度。

表2—4—8　　三种社会分层方法对月收入对数与教育年限的方差分析

	月收入对数			教育年限		
	Partial SS	DF	R^2	Partial SS	DF	R^2
城市住房五大阶层	149.69	4	0.296	1520.96	4	0.215
新韦伯派EGP阶级分类	135.73	4	0.269	1247.05	4	0.177
当代中国社会十大阶层	148.81	9	0.294	1521.82	9	0.216
总和方差	504.58	—	—	7045.50	—	—

（五）小　结

我们从住房产权的有无、住房产权的数量和住房产权的获得方式的视角，将潜在类别分析模型估计的五大潜在类别进行分析，将城市居民划分为五大住房阶层，即无产权房阶层、福利性产权房阶层、商品性产权房阶层、继承性产权房阶层和多产权房阶层。通过上述分析，我们发现：

1. 城市住房五大阶层的阶层地位由低到高依次为：无产权房阶层、福利性产权房阶层、商品性产权房阶层、继承性产权房阶层和多产权房阶层。其中，无产权房阶层和福利性产权房阶层的住房地位低于平均水平。广州市城市居民住房阶层分布形态近似为橄榄型。住房分层是社会阶层分化的外在表现，这种橄榄型结构反映了广州市中间阶层在不断扩大的事实。

2. 城市住房五大阶层分布在各个职业领域。住房分层与职业分层比较，中高级管理人员、专业及科研人员和个体工商户的住房阶层地位较高，而技术工人和体力劳动者的住房阶层地位低于平均水平，其中体力劳动者的住房阶层地位最低。住房分层与教育分层比较，总体上看来，住房五大阶层中住房地位越高的城市居民其受教育的年限越长、教育程度也越高。住房分层与收入分层比较，多产权房阶层的经济收入最高，其次是商品性产权房阶层，无产权房阶层的经济收入最低。三者综合起来，城市五大阶层中住房阶层地位越高的居民，其社会经济地位（客观阶层地位）也越高。由此可见，社会阶层不同，住房阶层也不同，住房分层基本上与社会分层结构上是一致的，反映了目前阶层分化的态势。

3. 城市住房五大阶层之间的差异是比较大的（参见表2—5—1）。住房五大阶层，在个人经济收入方面的基尼系数为0.4373；家庭人均收入方面的基尼系数为0.3974；住房面积方面的基尼系数为0.3752；住房价值方面的基尼系数为0.5020。下面我们对城市五大阶层各自特点进行小结如下：

（1）无产权房阶层

无产权房阶层也称无房阶层。属于这一阶层居民的住房状况主要是租住公房或租住私房，住房面积普遍较小，主要居住低档社区，如城镇边缘社区和未经改造的老城区等，几乎没有任何住房出租从而获取收益。这一阶层居民的客观阶层地位较低，主要是由体力劳动者、技术工人和个体工商户组成。他们的教育程度普遍在中学及以下水平，绝大部分居民的收入处于底层。与客观阶层地位相对应的是这一阶层的住房阶层地位也是处于下层。

表2—5—1　　　城市住房阶层收入、住房状况一览表

	住房阶层及基尼系数	个人年收入（万元）	家庭人均收入（万元）	家庭住房面积（m^2）	家庭住房价值（万元）
住房阶层	无产权房阶层	2.7022	1.8626	45.50	3.97
	福利性产权房阶层	3.1821	2.3186	46.15	37.38
	商品性产权房阶层	5.4772	3.9766	73.61	80.16
	继承性产权房阶层	3.2839	2.1486	173.55	96.48
	多产权房阶层	10.8821	5.1273	179.81	167.61
	Gini系数	0.4373	0.3974	0.3752	0.5020
	有效样本量	1042	1042	1042	1042

（2）福利性产权房阶层

福利房阶层居民只有一套有产权的住房，且该住房主要是单位房或保障房，是单位或社会提供的具有福利性质的住房。这一阶层居民的住房面积和住房价值处于中等偏下水平，主要居住在中档和低档社区。从社会经济地位看，这一阶层居民比较复杂，各种社会经济地位的居民都有，其中主要由上层居民、中下层居民和下层居民组成。该阶层大部分是由一般管理人员、办事人员、科员、技术人员、个体工商户和体力劳动者等组成。他们的教育水平普遍较低，大部分是大专以下教育程度。他们的收入普遍较低。这一阶层居民的住房阶层地位低于平均水平，处于中下层，与其居民的社会经济地位（客观阶层地位）基本相符。

（3）商品性产权房阶层

商品房阶层居民也只有一套有产权的住房，且该住房是完全从市场上自由购买的。该阶层居民住房面积和住房价值较高，基本上居住在中档社区和低档社区，这一阶层居民住房阶层地位主要为中上层和中层，居民的教育程度较高，大专及以上教育程度的居民大部分属于这一阶层，该阶层居民的收入普遍较高，仅次于多产权房阶层。这一阶层居民的社会经济地位从上层到最下层各个层面都有一部分属于这个阶层，其中中层、中上层和上层居民大部分属于这一阶层。该阶层由各种职业的居民组成，其中中高级管理人员、专业及科研人员和一般管理人员及办事员、科员的比例较大。这一阶层居民的住房阶层地位与其社会经济地位（客观阶层地位）基本相符。

（4）继承性产权房阶层

继承房阶层居民只有一套有产权的住房，而且该住房主要是通过继承获得，是先赋性住房而非自致性住房。这一阶层居民的住房面积和住房价值处于中等偏上水平，主要居住在低档社区，也几乎没有任何住房出租从而获取收益。这一阶层居民的客观阶层地位很低，绝大多数社会经济地位处于最下层，部分下层及中下层的居民属于这一阶层。这一阶层主要由体力劳动者、技术工人和一般管理人员及办事人员、科员组成。他们的教育程度在大专以下，绝大部分居民的收入处于低下水平。与其社会经济地位（客观阶层地位）低下不一致的是，这一阶层居民的住房阶层地位处于中等偏上层。

(5) 多产权房阶层

多产权房阶层居民的住房状况非常好。这一阶层的居民绝大部分拥有住房产权，一般至少有两套住房，他们在五阶层中住房面积是最大的，住房价值是最高的，他们的住房类型大部分是商品房，也有部分是单位房等，绝大部分居住在中档社区和高档社区。这一阶层居民住房地位是最高的，大部分有住房出租受益。这一阶层居民的社会经济地位（客观阶层地位）在五阶层中并不是最高的，其均值比商品性产权房阶层低。主要是由社会经济地位处于中上层、中层、中下层和下层的居民组成。该阶层居民大部分是中高级管理人员和个体工商户。他们的教育程度也并不高，主要由本科和高中教育水平的居民组成，他们的收入大部分处于最高层。这一阶层居民的住房阶层地位绝大部分处于上层，与这一阶层居民的社会经济地位相对照，其住房阶层地位明显略高于他们的社会经济地位。

三　城市住房分层机制分析

（一）理论背景与研究假设

1. 理论背景：社会分层机制变化的论争

市场转型理论的主题是社会与分层，关注的主要问题是市场转型与社会分层机制的变化问题。市场转型理论引发了一场激烈的学术争论，这场争论的焦点是转型过程中社会分层机制的变化。市场转型研究主要围绕国家、市场和社会行动者展开（如图3—1—1所示）。

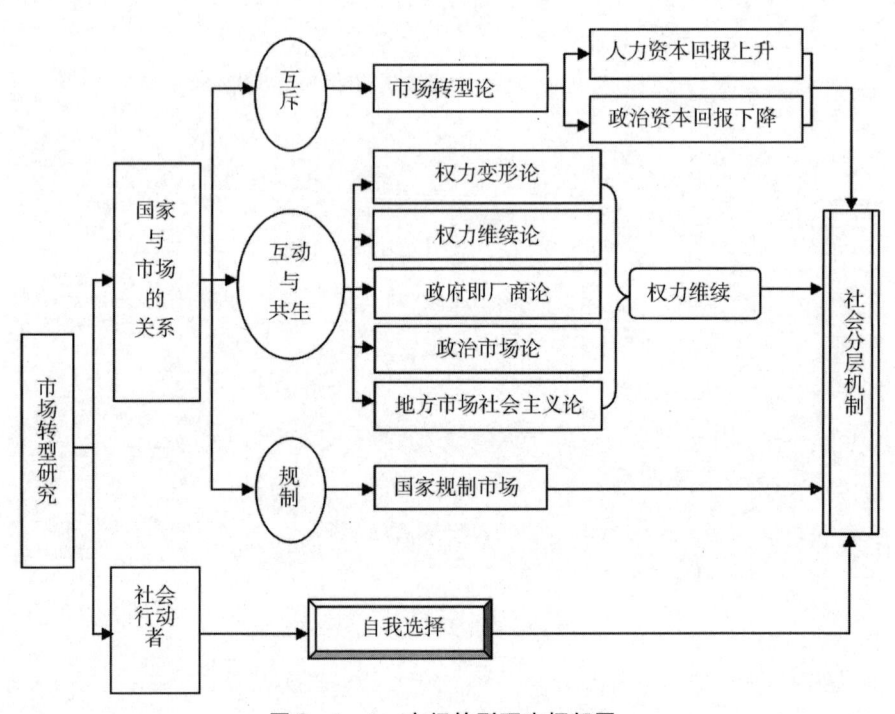

图3—1—1　市场转型研究框架图

(1) 市场转型中国家与市场的关系

①国家与市场互斥论

泽兰尼（Szelenyi）认为，在不平等是由市场造成的社会中，国家进行的再分配会降低不平等的程度；而在再分配占支配地位的社会中，不平等程度的降低只有依靠更多的市场机制（孙立平，2002）。倪志伟（Victor Nee）则将泽兰尼的再分配经济的概念和基本假设加以扩展，在一篇题为"市场转型理论：国家社会主义由再分配到市场"的论文中指出，市场导向的转型将改变以再分配经济为基础的、以权力为主导的社会分层秩序。他提出了市场权力、市场刺激和市场机会三个论题，阐述了市场机制如何改变社会不平等的结构和分层秩序，并推导出十个假设，这构成了当时市场转型理论的主要论点（边燕杰等，2002：183）。其基本论点是：市场转型使人力资本回报上升，政治资本回报下降。倪志伟（Victor Nee）后来注意到了一些与他论点相左的经验事实，进而对其市场理论不断进行补充和修正。1991年他提出了局部改革的观点（边燕杰等，2002：18），强调中国正处于局部的市场改革时期，再分配机制与市场机制同时发挥作用，拥有再分配权力的干部从再分配机制和市场同时获得经济回报。1996年倪志伟（Victor Nee）对其观点再次进行修正，提出相对变化的观点。他认为，市场化推进过程中干部收入上升的事实与市场转型理论没有冲突。市场转型理论所说的干部经济地位下降是指其相对地位下降，即相对于其他阶层，干部收入上升的速度较慢，这并不意味着干部的收入不上升。2000年倪志伟（Victor Nee）对市场转型理论做进一步的修正，他认为绝大多数研究的结论都是支持市场转型理论的，特别是有关人力资本的经济回报持续上升的事实，证明市场分层机制正在瓦解再分配机制。

倪志伟和曹洋指出，社会秩序变迁存在连续性和非连续性，而这种连续性和非连续性是相互纠缠的，构成了后社会主义社会分层秩序的路径依赖。他们认为，在国家社会主义和党的政治精英网络中长期存在非正式规则，其中包含着一个导致博弈均衡的基础，即集团和个人的利益和身份均被套牢在精英网络中，很难将其移除。在新的制度安排下，旧的国家社会主义再分配精英组成了一个反对市场运作的有力的基础，而国家官僚机构长期存在的庇护主义关系为其提供了现成的机制，再分配精英通过这些机制进行串谋来调整其利益。通过这个过程，连续性自发地被维持（边燕杰等，2008c：38—39）。而非连续性因素如市场最初其运作也是非常微弱的，随着市场经济的成长导致以下后果：个人表现得到更高回报，人力资本投资回报增加，国家无法控制新的机会结构以及通过私人企业经营和劳动力市场实现经济上的流动。这些是导致精英政治和亲属关系带来利益下降的直接原因（边燕杰等，2008c：39）。

他们认为市场的作用往往是从很小的范围开始的。在市场转型的早期对其影响往往很难做清晰的实证研究和分析；相反地，长期存在的正式或非正式制度结构中往往内含持续的均衡状况，这种连续性反而更容易观察到。对于一个不连续的转变而言，直到一个临界点来临之前，分层秩序是不会出现决定性变迁的。在社会转型的路径依赖所形成的混合制度秩序中，先前存在的不平等完全有可能继续下去，并且这种不平等可能会与新出现的根源于市场化过程的社会不平等模式同时并存（边燕杰等，2008c：7—8）。

可见，市场转型理论把国家与市场看成矛盾对立的双方，国家与市场是互斥的。市场转型理论认为，再分配体制向市场经济体制的过渡，将根本改变再分配体制中以政治权力作为最重要的分层机制的状况，市场机制的发展会导致再分配权力的衰落，从而使社会分层机制发生根本性的变化，进而使社会分层模式发生根本性重组。市场转型理论的内地逻辑是，市场机制改变了社会的权力结构、资源分配机制和机会结构，从而改变了社会分层模式。

②国家与市场互动论、共生论

市场转型理论的"国家与市场互斥预设（state – market antithetic view）"招致了众多批评。周雪光提出了"市场—政治共生模型（a market – politics coevolution model）"（Zhou，2000b）。他认为，政治和市场相互影响并制约和改变着对方，政治与市场之间的作用是一个共同演化的过程。国家在设定市场所运作的制度性规则中起到了关键性的作用：一方面，市场的扩张并不是一个自我演进的过程（a self – evolving process），而是受到社会背景和历史变迁进程所制约；另一方面，国家总是积极地根据自身利益和偏好来主动地影响市场而不是被动地接受。支配国家和市场互生的机制有三个：首先，已有的再分配经济制度和新兴的市场制度之间的竞争；其次，政治竞技场里的利益争斗，任何经济制度上的变化都取决于政治竞技场中的利益分配，相对那些伴随着市场出现的新利益而言，已有的政治和经济制度的既定利益也得到了相当的回报，这既包括政治权威、政策制定和实施权力的获得，也包括保护和发展他们利益的组织能力（organizing capacity）的提高；最后，在这个共生模型中，国家的角色处于中心位置，包括市场在内的经济行动是在政治权威所设定的框架之内运作的。尽管从市场制度逻辑出发，市场制度的比较性优势将促使国家和国家政策倾向于市场制度以及与之相联的利益并最终为后者所掌控。但是，国家也具有一些独特的利益需求，这些需求并不是和市场必然联系的，如对政治稳定性、合法性和历史传统的考虑同样会促使国家倾向于限制市场。这个现象在发达的市场国家并不罕见，遑论中国有着如此独特的历史背景、与旧有制度所相联的既得利益是那样的强大（陈那波，2006）。

边燕杰和张展新提出了"市场—国家互动论"的观点。他们联系中国经验指出，市场化不仅是经济机制、经济产权的变化，同时引起国家职能和经济管理方式的转变，二者的互动是理解社会分层和收入分配的关键。他们认为，随着计划经济的衰落和市场经济的发展，政府的角色发生了变化：一是在市场化进程冲击各个领域的同时，政府改变了经济管理方式，从行政协调为主转向对市场经济进行干预为主；二是虽然市场化使非国有企业进入工业生产领域，国家对一些重要产业保持了垄断控制，中国的产业被分割为开放和垄断两个领域；三是国家把政府产权逐渐下放给国有企业，行政单位和事业单位也被赋予了一定的自主权，自行取得预算外收入。这导致各类单位负责人的收入越来越与单位的绩效和盈利能力挂钩了。他们能过经验研究发现，对转型经济而言，收入分配是一个复杂的现象，其内在逻辑是市场制度的不断发展与国家经济职能演变的相互影响和制约（边燕杰等，2008c：10—11）。

孙立平认为，中国市场转型的过程是非常独特的，这种独特性表现在：第一，政体和意识形态是连续性的，在改革进行了二十多年后的今天，居于支配地位的仍然是原来的政体和意识形态；第二，由于政体和意识形态是连续的，许多重要的改革和转型过程是使用渐进式的变通方式实现的；第三，在变通的过程中，特别是在开始的阶段，新的体制因素往往是以非正式的方式出现并传播的；第四，非正式体制的生长和发育，往往是发生在体制运作的过程当中（孙立平，2002：91）。他指出，一些经典的理论，都是以一个基本假设为前提，即权力和市场是此消彼长的。但是，现在的问题就是权力和市场结合在一起，出现了权贵资本主义，市场是权力在当中起作用的市场，权力是在市场当中行使的权力。而且，现在的权力因为市场化而有了更大的行使机会和场所，卖出了好价格（孙立平，2006）。他认为，中国在短短的15年内，为什么贫富差距会有所拉大，就是因为再分配权力和市场形成了一股异乎寻常的合力，都对不平等起了推动作用（孙立平，2001）。

另外，还有学者是基于国家与市场互动和共生关系的前提基础上对市场转型理论进行了批判。如罗纳塔斯的"权力变形论"认为，干部并没有逐渐退出历史舞台；相反地，昔日党的官员和国有企业经理能够迅速将他们的政治特权转换为经济优势，变成企业家或上市公司的董事。边燕杰和罗根的"权力维续论"认为，由于中国的市场改革是在中国共产党的领导和城市单位制度的持续存在的前提下进行的，市场机制是在再分配体制内部发育起来的，因此，政治权力依然维持着其强大的影响力（Bian，1996）。魏昂德的"政府即厂商论"认为，政治权力之所以能在市场改革中继续获得高回报，是因为政府不但是市场规则的制定者，同时还是市场的参与者（Walder，1995）。林南的地方市场社会主义论认为，至少在地方经济的层面上，借助于家庭网络，再分配时代的政治权力是能够超越市场经济的冲击而不贬值的（Lin，1995）。白威廉和麦谊生的政治市场论认为，市场改革条件下的制度安排，遵循的未必是纯经济的逻辑，而极有可能是按政治逻辑组织起来的。他们所说的政治市场包括三种类型：①工人与管理者、管理者与国家之间的基于政治资源的讨价还价；②政府对企业产权的各种形式的广泛介入；③以地方政府为基础的政治保护。由于这些政治市场关系影响着利益分配，并且影响着经济市场的运行，所以政治权力在市场转型过程中不会被贬值，对政治权力的经济回报将会持续保持优势（Parish，1996）。

③国家与市场规制论

刘精明的"国家规制论"意在重新将"国家"范畴带回转型时期的社会分层研究，正面回应国家力量在社会分层过程中的作用。"国家规制论"指出，尽管"市场化"是改革以来中国社会变迁中的一个重要过程，但它不是孤立的和"无所不能"的社会变迁力量，市场经济对社会过程、社会阶层结构和分层机制的影响，还较大程度地依赖于社会内部的政治过程、社会阶层力量之间的关系模式，以及国家力量的作用。国家在主导市场化改革过程中对社会生活、社会分层机制所产生的规制性影响，往往超出市场本身的作用范围（刘精明，2006）。

刘精明认为，作为具有特定国家利益目标的行为主体，国家将从自身的利益原则出发，仲裁、协调和调整市场化过程中不断涌现的群体之间的利益矛盾和冲突，以维续基本的社会秩序。同时，在推进市场化过程中，国家也会时刻监控着市场化对社会阶层关系的影响。

（2）市场转型中的社会行动者

吴晓刚和谢宇略过有关市场转型争论的理论框架，更加关注制度变迁如何影响劳动力在新兴市场中的流动及其社会后果。他们认为，在处理市场转型中"谁赢谁输"这个争论中的中心问题方面，"社会行动者"这一概念在很大程度上仍然是一个静止的概念。

吴晓刚和谢宇选择了一个争论各方均不怀疑的事实，即对教育的回报在市场部门比国有部门高。这一结果被当然地解释为市场机制所致，从而被认定是支持了市场转型论。他们强调，尽管制度结构在决定社会分层方面极端重要，但是不同部门对教育的经济回报的差异，也许是由于不同部门对劳动力的归类机制，而不是部门的制度性质本身所决定的。他们的实证研究也证实了"教育的收入回报在市场部门比国有部门高"，但他们并没有发现早期进入市场的劳动力和留在国有部门的劳动力之间在教育回报上存在差异。市场部门的相对优势，仅仅适用于晚期进入市场的劳动力。人们尚未观察到的差别是劳动力进入市场部门的过程，事实上早期和晚期进入市场的是特征相异的两类劳动力群体。谢宇和吴晓刚进一步研究发现，只有那些从社会背景看进入市场的可能性很小的人（如受过高等教育者等），当他们实际（自愿）进入市场时，才会获得较高的回报。他们认为，这显然是自我选择的结果，与市场本身的特性无关（边燕杰等，2008c：11—13）。

综上所述，市场转型理论引发的这场激烈的学术争论，其焦点是转型过程中社会分层机制的变化：国家与市场互斥论认为权力机制与市场机制此消彼长；互动论与共生论认为，国家与市场是互动或共生的关系，市场机制的引入与发展并不会削弱权力机制的作用；规制论则认为，市场化是在国家监控之下的，市场机制是受国家规制的；而超越国家与市场关系对社会行动者的关注，则强调行动者的自我选择对社会分层的影响。

2. 理论命题与研究假设

通过对以上理论背景的回顾与整理，大致勾画出了市场转型以来社会分层机制的变迁轮廓：市场改革后兴起的市场机制与既有的权力机制共同对社会分层产生影响，而社会行动者的自我选择更是一个不可忽略的影响社会分层的重要因素。住房货币化改革后十多年来，特别是经历了2000年以来房地产市场的飞速发展和不断飙升的房价的洗礼，已有的对20世纪90年代后期住房分层的文献和经验研究已经不能完全解释当前城市的住房分层现状。因此，对当前城市住房分层机制的研究，具有重要的理论和现实意义。

面对市场转型过程中社会分层机制变化的论争，住房提供了一个有益的观察视角。中国住房市场化改革是由国家主导的，采取渐进的方式逐步引入市场机制并将其不断深入，从而提高住房领域市场化的程度，具体参见图3—1—2。住房体制改革前，国家主要承担为城市居民提供住房的责任和义务，再分配是住房不平等的主要根源。再分配者通过住房的"非市场贸易"，在再分配这些住房时偏向自己而形成不平等。具体而言，住房主要是国家通过工作单位进行分配，单位内职工按权力和资历等决定能否获得住房。单位提供住房的能力，又与单位所有制类型和单位的行政级别相关。可见，住房体制改革前，权力机制对住房实物进行再分配时导致了住房分层。20世纪70年代末国家政府开始启动住房市场化改革，住房改革的主要政策取向是公房的私有化和住房的商品化。1988年房改在全国铺开。国家通过按建造成本销售新建住房、出售原单位公房、"三三制"售房等方式逐渐实现公房的私有化。公房私有化改革是以保证有房者的既有利益为出发点，按规定，原公房的占有者拥有优先低价购置现住房的权力，在再分配体制下获得的优势住房资源的居民通过公房私有化政策合法地将租住权变为所有权，成为私人财产，从而将再分配体制下的住房优势固化。1998年国家推行住房货币化改革，标志着中国的住房制度发生了根本性变化；2000年左右，我国的住房货币化改革基本完成，市场购买住房成为获得住房资源的最主要的途径。货币支付能力成了居民能

三 城市住房分层机制分析

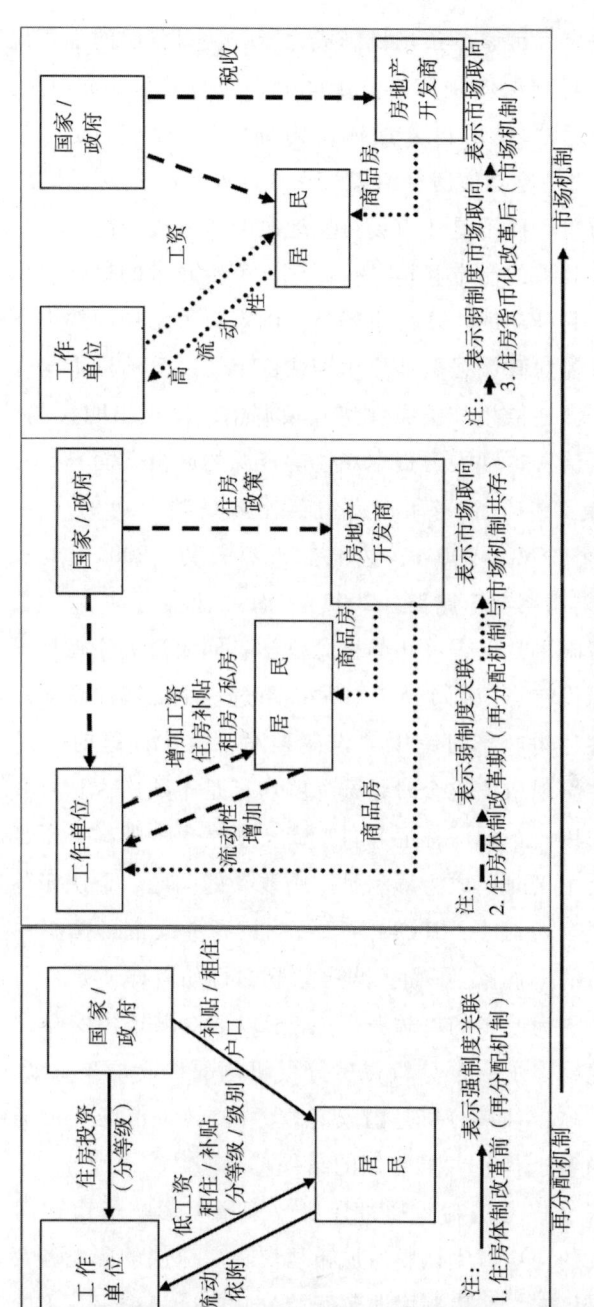

图 3-1-2 住房分配体制从再分配体制向市场化转型

资料来源：(Huang, 2001)，略有改动

否获得住房的决定性因素，市场机制成为影响住房分层的主要机制。

纵观中国住房分配体制从再分配体制向市场化转型的过程，可以发现，市场机制被引入住房再分配体制内部而发育成长的。国家是通过"市场机制"来改造原有住房供给模式和住房发展模式，以提高国民的住房条件和居住质量，而不是让市场自发地改变国家再分配机制。住房制度改革是国家负责政策的制定和指导，而单位负责政策的执行和操作，是国家政治权力主导和推动的。住房市场是在国家权力结构的约束下崛起和成长的。国家通过住房政策强烈地作用于住房市场，政治资本与人力资本的住房资源回报更多地依赖于国家住房政策调整，体现出明显的政策效应。因而，在有关政治资本和人力资本对住房资源的回报方面，研究中国城市社会的学者发现：专业精英和权力精英比非精英获得的住房资源更优（陈志柔，2000；李斌，2004a；边燕杰、刘勇利，2005；刘欣，2005c；Huang，2001；刘精明、李路路，2005）。而"社会行动者"这一概念很大程度上在学者眼里是一个静止的概念。学者们太过关注在住房改革中哪些群体获益，而没有意识到个人在住房改革过程中的购房意愿对住房分层的影响。在回答住房改革过程中"谁赢谁输"这个问题时，我们需要考虑社会行动者在出现市场机会时是选择购房还是不购房这种自我选择对住房分层的影响作用。正如泽林尼和科斯泰罗所指出的那样，干部或者前干部是否在后社会主义时期成为赢家是一个复杂的问题，取决于他们与市场机会的联系方式（边燕杰，2008a：125）。只有进入市场购买住房的行动者才能成为改革的"赢家"，而无购房意愿的行动者即使是专业精英或权力精英则也可能成为改革的"输家"。基于以上对城市住房分层机制变化的分析，我们建构出了一个分析住房分层机制的概念框架（见图3—1—3）。概而言之，城市住房分层是国家（权力机制）、市场（市场机制）和社会行动者（自我选择）共同作用的结果。

首先，国家（权力机制）通过住房政策调整影响城市住房分层。其中，有两次重大的住房政策调整对城市居民住房分层的影响较大。第一次是20世纪70年代末，住房制度改革开始，政府公房销售政策的实施。这就造成了公房市场与商品房市场的分割。在住房改革前，体制内单位组织几乎垄断了所有的住房资源，全民所有制单位，中央直属单位，地方上行政级别较高的单位会拥有较多的住房资源（边燕杰等，1996：87）。体制

三 城市住房分层机制分析

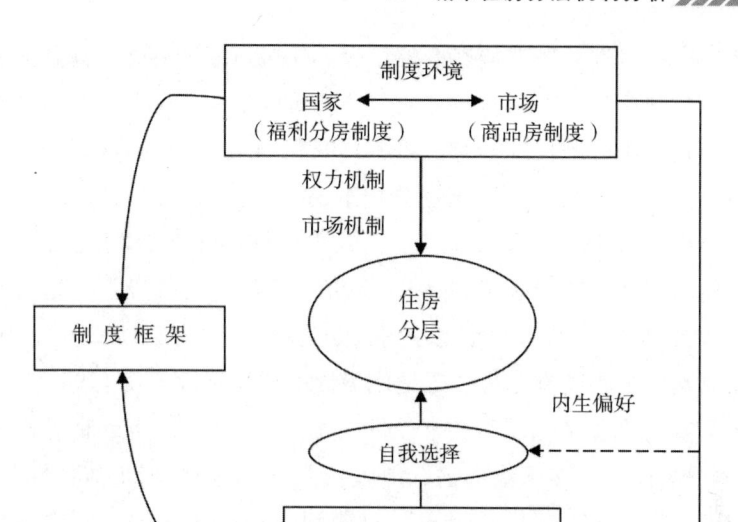

图 3—1—3 城市住房分层机制：一个分析性框架

内单位居民可以以较低廉的价格从公房市场获得住房。而非国有部门如个体私营、私/民营企事业和三资企业等体制外单位几乎没有任何住房资源，其成员几乎无法从公房市场上获得住房资源。在以国有企业为重要实践主体的中国城市住房体制改革过程中，通过将住房从公有转化为职工所有，住房不均等结构从产权上固定下来（李强，2009）。这样，住房改革为作为国有资产的住房转变为私有财产提供了合法性，而这种合法性将单位之间的差别固化为家庭之间的差别（武中哲，2010）。而体制外单位组织大多不承担其员工的住房责任，而交由商品房市场解决，其职工不可能购买到公房市场上优惠的房改房，只能到市场上购买或租住商品房，完全按照市场化的模式运作。体制内单位组织就业人员除从公房市场获得房改房外，还可以到商品房市场上购买商品房。因此，在住房体制改革过程中也就导致了住房资源在体制内单位组织（公有制劳动力部门）与体制外单位组织（个体、私营以及三资企业）之间的分割。

第二次是1998年住房货币化政策的实施。在住房制度改革前，居民住房主要通过单位获得，单位承担为其职工提供住房的责任与义务。居民个人的住房拥有状况与单位息息相关，进入不同的单位也就意味着拥有不同的住房获得机遇。职工能否取得住房，住房地段的好坏，居住水平和设施如何都与其单位是否具有建房能力、管房权、最终的分配权有关，其中最重要的是最终分配权（边燕杰等，1996）。单位之间的这种差别也导致了不同单位从业人员在住房福利分配上的差别（Walder，1992）。在住房制度改革后，居民住房获得途径逐渐从单位转向市场（参见图3—1—4）。广州市住房制度改革始于1989年，经历了两个重要阶段：一是房改售房阶段，1989年至1993年实行以标准价出售公有住房，1995年至1998年实行以成本价出售公有住房；二是住房货币分配阶段，从1998年3月起，市直机关事业单位率先试行住房货币分配。1998年广州市政府提出住房货币化分配方案："老人老办法，新人新办法"，广州城市居民在1997年9月27日[①]后参加工作的"新人"只能到商品房市场上去获得住房，而"老人"则还可以享受福利分房制度，还可从体制内获得住房资源（朱亚鹏，2007）。1999年，市政府出台了换购、补购和住房差额货币补贴政策，积极妥善解决未达标问题。从2000年起，住房分配货币化改革在全市推开，彻底终结了福利分房，从政策上切断了居民与单位在住房实物分配上的联系，单位不再有义务向其职工提供住房。这样，住房供给模式发生了根本性转变（参见图3—1—5），居民住房获得模式也由此发生相应变化，货币买房成为城市居民获得住房的主要渠道。

基于以上分析，我们发现国家住房政策的实施导致住房市场出现制度分割：一是住房改革后，由于原来公房市场再分配模式的延续及商品房市场中市场化分配模式的兴起，体制内单位组织的居民和体制外单位组织的居民的住房获得模式存在差异，即出现了单位制度分割；二是住房货币化制度改革前后，城市居民住房获得途径和方式存在差异，即出现了住房制度分割。由此，我们可以得出制度分割效应命题：由于住房制度对住房资源的分割效应，1998年以前参加工作的社会成员更可能获得再分配住房实惠；由于单位制度的分割效应，在房改过程中，体制内单位的社会成员可以获得廉价的房改房或公房，由于累积效应，房改完成后，他们的住房

---

① 1998年广州市政府提出住房货币化分配方案：1997年9月27日以后参加工作的属于"新人"，如果他们在这个新政策之前没有享受任何住房实物福利的话，就参加住房货币补贴计划；9月27日之前参加工作的"老人"可以选择接受货币补贴，或者继续"享受福利分房制度"。

三 城市住房分层机制分析

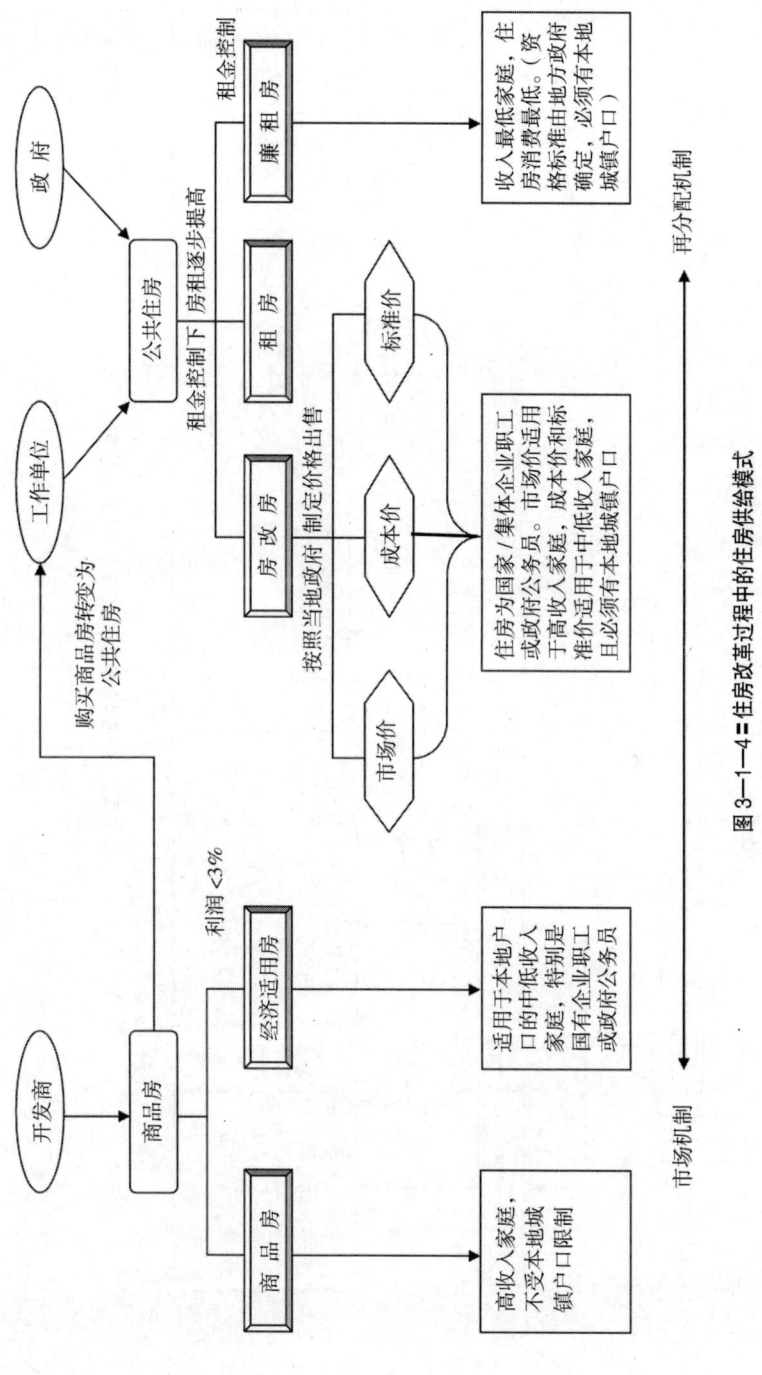

图3—1—4 住房改革过程中的住房供给模式

资料来源：(Huang, 2001)，略有改动。

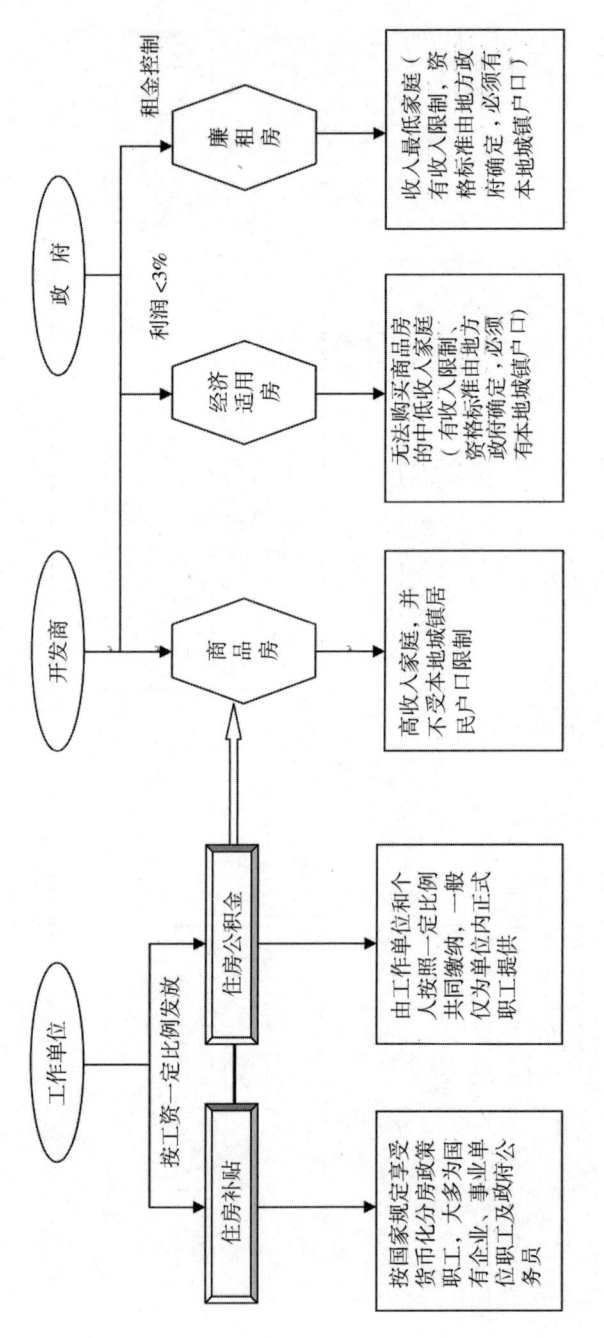

图3—1—5 住房货币化改革后的住房供给模式

资料来源：(Huang, 2001)，略有改动。

地位会更占优势。据此，我们提出以下假设1和假设2。

假设1：单位制度分割造成体制内单位组织成员与体制外单位组织成员在住房资源获得途径与方式上存在差异。体制内单位组织的居民相对于体制外单位组织的居民，更有可能获得住房资源，在住房分层中的优势可能更明显；

假设2：住房货币化改革导致1998年前后参加工作的社会成员在住房资源获得途径与方式上存在差异。1998年以前参加工作的居民相对于1998年以后参加工作的居民，更有可能获得住房资源，在住房分层中的优势可能更明显。

其次，市场（市场机制）对城市住房分层的作用主要体现在居民经济能力与融资能力差异导致的住房资源差异方面。住房货币化改革意味着个人的经济能力和融资能力成为获取住房的主要手段。经济收入越高，融资能力越强的居民，货币支付能力越强，其更能获得优质的住房资源。其中，融资能力包括制度性融资能力和非制度性融资能力。制度性融资方式主要包括单位公积金、住房补贴等住房福利。就单位公积金而言，房改之前，单位承担为本单位职工提供福利住房的职责，以"暗补"的形式来为本单位职工提供住房支持。房改之后，单位通过住房公积金政策，以"明补"的方式为单位职工提供住房支持。然而，由于不同单位经济实力方面的差异，占有垄断资源的国有企业部门、外资企业和经济效益好的私营企业以及行政机关和事业单位，可以凭借自身实力为本部门成员提供较高的住房公积金，进而帮助单位职工轻松获得住房。非制度性融资方式主要指父母家庭通过提供货币支持来帮助子女买房。由此，父母一代给予子女的住房支持即资金资助也是影响住房分层的重要因素。父代的社会不平等将会通过货币财产转移的方式给予子代，从而使其子代的住房分层存在差异。

基于以上分析，我们提出市场能力命题：住房改革前，住房是由单位按行政级别和资历进行分配，与个人的市场能力关系不大。然而，在住房货币化改革后，住房主要由市场供给，个人的经济能力和融资能力在很大程度上决定了个人从市场上获取住房资源的状况。居民的经济收入越高，融资能力越强，其货币支付能力也越强，其更能获得优质的住房资源。据此，我们提出以下几个假设：

假设3：城市居民经济收入越高，其货币支付能力越强，越有可能获得住房资源，在住房分层中的优势可能越明显；

假设4：有住房福利的居民比没有住房福利的居民，融资能力更强，更有可能获得住房资源，在住房分层中的优势可能更明显；

假设5：能得到父辈的资助的居民比未能得到父母资助的居民，融资能力更强，更有可能获得住房资源，在住房分层中的优势可能更明显。

按照国家与市场互斥论的逻辑，在住房资源的分配体系中，随着市场机制的进入，导致了分配权力向市场领域的转移，带来了新的分层机制，"再分配精英"在住房资源占有上的优势将逐步下降，而人力资本在住房资源获得方面的优势将逐渐上升，人力资本回报升值，政治资本回报贬值（Nee，1989）。在市场体制下，原有的再分配精英与一般生产者在住房上的不平等将逐渐降低，市场能力的差异将成为决定住房资源占有情况的关键因素。按照国家与市场共生论和互动论的逻辑，权力资源对住房资源的占有优势并不会随着住房市场化改革而降低，政治权力能够超越市场经济的冲击而不贬值（Lin，1995）。在市场化过程中政治权力依然保持着优势（罗纳塔斯，1996），维持着其强大的影响力（Bian，1996）。政治权力在市场转型过程中不仅不会被贬值（Parish，1996），而且将继续获得高回报（Walder，1995）。在目前住房商品化市场中，再分配权力对于住房资源的回报要高于市场能力。

基于以上分析，政治资本和人力资本在一定程度上都是影响人们住房资源的重要因素。城市居民人力资本与政治资本之间的差异，必然会导致城市居民在住房资源上的差异。从图3—1—6可以看出，拥有高人力资本和高政治资本的居民A的住房资源可能最优，拥有低人力资本和低政治资本的居民D的住房资源可能最差，而只拥有高人力资本的居民C或只拥有高政治资本的居民B的住房资源状况可能居中。依据市场转型理论的观点，拥有高人力资本的居民C的住房资源可能要比拥有高政治资本的居民B更优越；依据权力维续论的观点，拥有高政治资本的居民B的住房资源可能要比拥有高人力资本的居民C更优越。据此，我们提出以下两个命题：

一是市场转型效应命题：即依据市场转型论观点（Nee，1989；Nee，1996；Cao、Nee，2000），住房市场化改革改变了住房资源配置的方式，

三 城市住房分层机制分析

住房资源

```
高 │    B  │  A
政治│       │
资本│       │
   │    D  │  C
低 └───────┴──────→
   低   人力资本   高
```

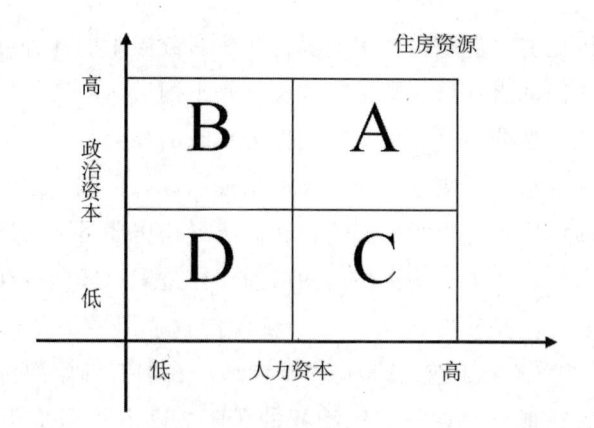

图 3—1—6　在市场化程度相同的情况下，居民的住房资源差异

从原来的住房实物分配体制转变为市场为主导的住房市场化体制，从而"再分配者"（redistributors）的利益受损，"直接生产者"（direct producers）的利益得到较多的满足。换句话说，政治资本在住房市场的效用下降，取而代之的是对人力资本的回报增加。人力资本回报的增加可以转化为住房资源占有上的优势。据此，我们提出以下两个假设：

假设6：城市居民人力资本越高，越有可能获得住房资源，在住房分层中的优势可能越明显；

假设7：依据市场转型论的观点，拥有高人力资本的居民比拥有高政治资本的居民更有可能获得住房资源，在住房分层中的优势可能更明显。

二是权力优势命题：即依据权力维续论观点，在市场化转型过程中，再分配权力资源仍然保持着对住房资源占有上的优势。在计划经济体制下，行政级别越高的单位组织拥有住房资源优势，在公房私有化改革过程中，这种实物分配制度下形成的基于权力的住房不均等结构从产权上固定下来（李强，2009），合法地成了权力精英的家庭财产。城市住房市场化改革的发展，掌握土地和住房建设资源的权力单位仍有机会谋求有利的住房资源。在权力机关工作的权力精英不仅能享受较高的住房补贴和货币福利，而且有机会以低于市场的价格获得政策性住房（如经济适用房等）。据此，我们提出假设8和假设9。

假设8：城市居民政治资本越高，越有可能获得住房资源，在住房分层中的优势可能越明显；

假设9：依据权力维续论的观点，拥有高政治资本的居民比拥有高人力资本的居民更有可能获得住房资源,在住房分层中的优势可能更明显。

最后,居民的自我选择即选择购房还是不购房对城市住房分层的影响至关重要。在住房分层过程中,居民作为动态的社会行动者,他们并不是简单地受国家与市场所决定,而是通过积极地寻找他们在国家与住房市场上的位置来回应国家与市场的影响,从而选择购房还是不购房。住房改革早期阶段进入商品房市场购买住房的居民往往是来自非国有部门的具有强购房意愿的职工,是社会等级中处于较低位置,但经济收入较高的居民(如个体工商户)(朱亚鹏,2007),不像那些在国有部门的城市居民,他们并没有失去获得更好住房资源特权的风险。随着住房货币化改革的实施,国有部门的有经济实力且具有强购房意愿的职工不仅在公房市场上购房,而且也开始逐渐地进入商品房市场购买住房以获得新的优质住房资源。结果是,进入住房市场购买住房的人和没有进入住房市场购买住房的人,这两个群体在背景、收入能力和购房意愿方面都可能有显著的区别。那些进入住房市场购买住房的居民可能具有强购房意愿、好的工作单位、较高的人力资本和政治资本以及较强的经济实力,而没有进入住房市场购买住房的居民则更可能具有弱购房意愿、较差的工作单位、较低的政治资本和人力资本以及较弱的经济实力。而只有选择购房的居民才有可能获得住房资源,在住房分层中处于有利地位,成为"赢家";不选择购房的居民,不管条件如何好,在住房分层中也将处于不利地位,成为"输家"。这就是自我选择效应命题。基于以上分析,我们得出以下几个假设:

假设10:购房认同程度高的居民,人力资本越高,越有可能获得住房资源,其住房阶层地位可能越高;反之,则人力资本高的居民也不一定在住房分层中占有优势。

假设11:购房认同程度高的居民,政治资本越高,越有可能获得住房资源,其住房阶层地位可能越高;反之,则政治资本高的居民也不一定在住房分层中占有优势。

假设12:购房认同程度高的居民,经济能力越强,越有可能获得住房资源,其住房阶层地位可能越高;反之,则经济能力强的居民也不一定在住房分层中占有优势。

（二）住房分层机制的内生性转换回归分析

1. 内生性转换模型及其原理

住房分层机制研究需要关注内生性问题。一般而言，如果控制组和实验组的成员是随机分配的两组特性一样的人组成，那么实验组和控制组之间在结果变量上的差异，则可以作为试验的效应。然而研究的现实情况是，通过调查来收集资料中分配在实验组和控制组的行动者，往往不是随机分配，这就出现了内生性问题，即实验组（购买住房的行动者）往往是拥有更好人力资本或政治资本或单位组织的行动者，而控制组（没有购买住房的行动者）往往是不拥有好的人力资本或政治资本或单位组织的行动者，而就此将实验组和控制组的差异视作实验效应会存在很大的偏误，因为实验组和控制组在结果变量上的差异中包含了实验前这两组之间的差异（pre – treatment heterogeneity）。

传统的住房分层机制研究范式往往是用一般回归分析方法。一般回归分析是假定研究对象是随机发生的，并通过控制所有重要影响因素来分析解释变量的效应。然而，在这一分析过程中实际上也常会存在内生性的问题，这造成回归分析不能充分排除可能是由可以观测到的变量造成（selecton on observeables），也可能由不可观测到的变量造成（selecton on unobserveables）的实验组与对照组的基准差异（baseline difference），或者是实验前两组之间的异质性。这种情形下回归分析做出的因果估计往往不精确，甚至是错误的（梁玉成，2010）。

目前，已经发展出了针对内生性问题的处理方法。一种方法为反事实分析方法。这一方法主要是处理由可以观测到的变量造成（selecton on observeables）的实验组和控制组成员在实验前的差异，这一领域的方法有倾向性评分匹配方法（Propensity Score Matching），以及布兰德和谢宇提出的异质性处理效应模型（heterogeneity of treatment effect model）。还有一种方法为内生性转换模型。这一方法可以处理实验组和控制组成员之间不可观测的变量造成的两者之间的差异，如行动者的理性选择造成了一些人购买住房，一些人不购买住房，而这个选择过程中很多影响因素研究者并不能观察到。该模型可以将可观测变量和不可观测变量造成的两组在实验之前的差异从实验结果中分离出来，也可以实现反事实分析（梁玉成，2010）。

内生转换回归模型（Endogeneity Switching Regression Model）分析，可以将那些不可观测的偏误纳入选择模型中。我们的因变量为住房阶层，是一个定序变量（ordinal variable）。因此，我们采用的是定序变量的内生性转换模型。我们可以将内生性问题写成模型如下：

$$y_i^* = x_i'\beta + \theta S_i + u_i \qquad (1.1)$$

其中，y_i^* 代表定序变量，本研究中为住房阶层：无产权房阶层、福利性产权房阶层、商品性产权房阶层、继承性产权房阶层和多产权房阶层；u_i 代表随机误差项（random error）；x_i 代表解释变量；β 代表解释变量 x_i 的系数，是一个 $K \times 1$ 向量；$\theta \in R$ 是内生性哑变量的系数。解释变量 x_i 的向量是一个决定可观察反应的门槛模型（threshold model）：

$$y_i = \begin{cases} y_1 & \text{if } -\infty < y_i^* \leq k_1 \\ y_2 & \text{if } k_1 < y_i^* \leq k_2 \\ \vdots & \vdots \qquad \vdots \\ y_H & \text{if } k_{H-1} < y_i^* \leq \infty \end{cases} \qquad (1.2)$$

其中，k_s，$s = 1, \cdots, H-1$ 代表门槛系数（threshold parameters）。当因变量为多分类定序变量时，则可写成混合反应模型（mixed-response model）：

$$\Pr(y_i > h \mid \varepsilon_i, x_i, S_i) \equiv \vartheta_{hi} = \sum_{s=h+1}^{H} \pi_{si}, \quad h = 1, \cdots, H-1 \qquad (1.3)$$

其中，π_{si} 代表 y_i 等于 s 时的条件概率。对于内生性转换（Endogenous switching）而言，预测值可写成：

$$\eta_{jhi} = d_{1ji}(X_i'\beta + \theta S_i - k_h + \lambda \varepsilon_i) + d_{2ji}(z_i'\gamma + \varepsilon_i) \qquad (1.4)$$

其中，当 $j=1$ 时，$h = 1, \cdots, H-1$；当 $j=2$（因为 $\Pr(S_i = 1 \mid \varepsilon_i, z_i)$ 时和 $k_0 = 0$，$h = 0 \cdots$，依此类推。）门槛 $\{k_1, \cdots, k_{H-1}$ 由系数 β，θ 和 γ 来估计。

是否购房的选择模型为：

$$S_i^* = z_i'\gamma + v_i$$

$$S_i = \begin{cases} 1 & \text{if } S_i^* > 0 \\ 0 & \text{otherwise} \end{cases}$$

其中，S_i^* 代表一个潜在变量；γ 代表一个 $L \times 1$ 的系数矢量；v_i 表示残差项。u_i 和 v_i 被假定为标准分布，用 ε_i 去推导其依赖性，可写成公式：

$$u_i = \lambda \varepsilon_i + \tau_i$$
$$v_i = \varepsilon_i + \zeta_i$$

在此，ε_i、τ_i 和 ζ_i 是独立的标准分布，λ 是自由系数（a factor loading），残差的协方差矩阵为：

$$\text{Cov}\{(u_i, v_i)'\} \equiv \Sigma = \begin{pmatrix} \lambda^2 + 1 & \lambda \\ \lambda & 2 \end{pmatrix}$$

因此，其相关性（correlation）为：

$$\rho = \frac{\lambda}{\sqrt{2(\lambda^2 + 1)}}$$

如果 ρ(rho) $= 0$，说明模型不存在内生性问题，可用一般线性回归模型。如果 ρ(rho) $\neq 0$，说明存在内生性问题，需要处理不可观测到的异质性。

2. 分析结果

（1）内生性的确认

我们在分析住房分层机制时，通过调查收集的数据资料往往包含了购房者群体和不购房者群体。这两个群体在背景和收入能力等方面都有显著的区别。购房者群体往往是由拥有好的经济资本、人力资本、政治资本和工作单位的行动者组成，而不购房者群体可能是由那些经济资本、人力资本、政治资本和工作单位都较差的行动者组成。将两个非常不同的群体放在一起将会造成一个异质性很强的群体。住房分层也可能是行动者之间不可观测的变量造成的两者之间的差异，如行动者的理性选择造成了一些人购买住房，一些人不购买住房，而这个选择过程中的很多影响因素研究者并不能观察到。这就存在着内生性问题。

为了确认内生性问题，我们采用倾向性评分匹配方法（Propensity Score Matching，PSM）来计算购房与不购房对住房分层和住房阶层地位的效应，其结果具体参见表3—2—1和表3—2—2。

表3—2—1　是否购房对住房分层效应在 OLS 和 PSM 上的差异

	多元回归模型（OLS）	倾向性评分匹配方法（PSM）			差异 OLS – PSM
		ATT	ATU	ATE	
基准模型	0.321***	0.638***	0.659***	0.649***	– 0.328

*** $p<0.01$, ** $p<0.05$, * $p<0.1$

表3—2—2　是否购房对住房阶层地位效应在 OLS 和 PSM 上的差异

	多元回归模型（OLS）	倾向性评分匹配方法（PSM）			差异 OLS – PSM
		ATT	ATU	ATE	
基准模型	0.271***	0.554***	0.663***	0.608***	– 0.337

*** $p<0.01$, ** $p<0.05$, * $p<0.1$

表3—2—1和表3—2—2清楚地显示PSM模型估计的效应均高于OLS模型，表3—2—1是否购房对住房分层效应中，OLS模型估计的效应与PSM模型估计的效应相差32.8%；表3—2—2是否购房对住房阶层地位效应中，OLS模型估计的效应与PSM模型估计的效应相差33.7%。这证明在两个模型中都确实存在内生性问题，导致低估了是否购房对住房分层和住房阶层地位的效应，且这个问题并不随着传统的OLS模型中加入控制变量而改善。因此，在分析住房分层的机制时不能忽略内生性的问题。

（2）内生性转换模型的实证结果

1998年，广州市颁布了《广州市直属机关事业单位住房货币分配试行方案》（以下简称《方案》），在市直属机关事业单位实行住房货币分配。方案采取"老人老办法，新人新政策"的原则，1997年9月27日以后参加工作的属于"新人"，如果他们在这个新政策之前没有享受任何住房实物福利的话，就参加住房货币化补贴计划；9月27日之前参加工作的"老人"可以选择接受货币补贴，或者继续"享受福利分房制度"。1998年至2000年，广州市还实施了换购、补购住房和差额货币补贴政策，即职工房改购房后面积未达到标准下限的，在省规定的住房面积标准内可以实行换购住房、补购住房或住房差额货币补贴。但每户职工只能换购或补购住房一次。2000年1月1日起一律停止换购或补购住房，广州全面停止实物分房，实行货币化分房。可以说，广州1998年住房制度货币化改革不仅使住房制度发生了根本性转变，也彻底改变了广州市居民的购房行为模式。因此，我们将时间划分为1998年之前和1998年之后。考虑到体制内与体制外的居民群体属于不同的子样本群，我们在空间上做了体制外和体制内两个模型。为了克服住房分层机制的内生性问题，我们使用了内生性转换模型，这样可以去掉选择性偏误，获得变量的一致性系数估计。表3—2—3显示的是总体模型和两个不同时空模型的分析结果。数据显示，ρ（rho）$\neq 0$且显著，说明确实存在内生性问题，需要处理不可观测到的异质性，使用内生性模型是恰当的。

（1）就政治资本因子而言，其对住房分层具有明显影响。在总体模型1、模型2和模型5中，我们发现在1998年之前以及在体制内，政治资本对住房分层的作用是正向而且显著的，说明政治资本越高，其在住房分层中的地位也越高；而从模型3和模型4中发现，1998年之后及体制外，政治资本对住房分层的作用不显著的。也就是说，在总体模型、1998年之前模型和体制内模型中，假设8得到了经验数据的支持，而在1998年之后模型和体制外模型中，假设8没有得到经验的支持。

（2）就人力资本因子而言，在总体模型1、模型2和模型5中，我们发现，在1998年之前以及在体制内，人力资本对住房分层的作用也是正向而且显著的，说明人力资本越高，其在住房分层中的地位也越高；而从模型3和模型4中发现，1998年之后及体制外，人力资本对住房分层的作用不显著。也就是说，在总体模型、1998年之前模型和体制内模型中，假设6得到了经验数据的支持，而在1998年之后模型和体制外模型中，假设6没有得到经验的支持。

政治资本和人力资本的测量都是采用了因子得分，两者之间具有一致的测度，比较政治资本与人力资本对住房分层的影响系数，在总体模型中，政治资本对住房分层的作用（0.141）是人力资本（0.0642）的2倍多，在1998年之前模型中，政治资本对住房分层的作用（0.157）也是人力

表 3—2—3　不同时空下住房分层机制的内生性转换模型

	模型 1 总体分层 住房阶层模型	模型 1 总体分层 选择模型	模型 2 1998 年之前 住房阶层模型	模型 2 1998 年之前 选择模型	模型 3 1998 年之后 住房阶层模型	模型 3 1998 年之后 选择模型	模型 4 体制外 住房阶层模型	模型 4 体制外 选择模型	模型 5 体制内 住房阶层模型	模型 5 体制内 选择模型
购房年龄	0.145***	0.151***	0.124***	0.157***	0.169***	0.234***	0.159***	0.191***	0.128***	0.132***
购房年龄平方/100	-0.171***	-0.148***	-0.144***	-0.163***	-0.207***	-0.235***	-0.196***	-0.205***	-0.148***	-0.117***
性别（女=0）	0.397***	0.428***	0.413***	0.540***	0.23	0.263	0.509***	0.208	0.277***	0.618***
婚姻（未婚=0）	-0.410***	0.803***	-0.679***	0.556	-0.373*	1.813***	-0.373*	0.458	-0.406	1.479***
家庭人口	0.171***	-0.442***	0.133***	-0.364***	0.167	-1.099***	0.0541	-0.431***	0.337***	-0.469***
政治资本因子	0.141***	0.121**	0.157***	-0.0432	0.00422	0.301	0.126	0.129	0.130**	0.186**
人力资本因子	0.0642*	0.0282	0.0721*	0.0234	0.0352	0.254	0.101	0.0752	0.102*	0.113*
单位（体制外=0）	0.126**	0.0794	0.153*	0.0886	-0.0503	0.00511	—	—	—	—
父母资助（未资助=0）	0.417***	0.497***	0.370***	0.697***	0.551**	0.299	0.271*	0.469***	0.518***	0.588***
居民年收入（对数）	0.502***	0.251**	0.560***	0.230**	0.143*	0.281*	0.670***	0.489***	0.217***	0.0714
继承（未继承=0）	0.654***	0.0957	0.582***	-0.0482	0.878***	1.343***	0.301*	0.111	0.995***	0.0706
银行贷款（无=0）	0.159	0.466**	0.171	0.592**	-0.0265	0.819***	-0.203	0.413*	0.553***	0.432*
住房福利（无=0）	0.033	0.0399	0.0945	0.350*	-0.305	2.140***	-0.335**	-0.0876	0.103	0.0527*
入职年（1998 年前=0）	-0.229*	0.221	—	—	—	—	-0.400	0.0654	-0.131*	0.487
购房认同因子	1.218*	1.65*	1.325	0.353*	0.601*	20.63***	1.864**	2.139**	0.545	1.197*

三 城市住房分层机制分析

续表

	模型 1 总体模型		模型 2 1998 年之前		模型 3 1998 年之后		模型 4 体制外		模型 5 体制内	
	住房阶层模型	选择模型	住房阶层模型	选择模型	住房阶层模型	选择模型	住房阶层模型	选择模型	住房阶层模型	选择模型
购房排斥因子	-0.826	-1.09	-0.311	-1.104	-2.176	-3.12	-0.973	-2.425	0.524	0.175
政治资本×购房认同	0.162*	0.199*	0.118	0.126**	0.161*	0.114*	0.179*	0.261*	0.258*	0.184*
人力资本×购房认同	0.346*	0.088*	0.164*	0.102*	0.126*	0.375*	0.143*	0.119*	0.156*	0.114*
政治资本×购房排斥	-0.0777	-0.0535	0.124***	-0.0463	0.077	0.0505	-0.214**	-0.321**	0.0353	-0.0367
人力资本×购房排斥	0.00254	0.0084	0.0342	-0.0331	-0.252*	0.132	-0.0815	0.0259	-0.02	0.0207
居民年收入×购房认同	0.268**	0.137*	0.104*	0.408*	0.695**	1.802***	0.149*	0.18*	0.326*	0.174*
居民年收入×购房排斥	0.0804	0.0961	0.0368	0.0936	-0.169	0.284	0.0905	0.197	0.052	-0.0103
_cut1	6.664***		6.738***		2.552*		8.515***		3.730***	
_cut2	8.178***		8.135***		3.848*		9.775***		5.470***	
_cut3	9.340***		9.207***		5.562**		10.95***		6.704***	
_cut4	9.983***		9.824***		6.181***		11.50***		7.545***	
rho	0.4024316***		-0.4074435***		0.1982636***		0.2628114**		-0.3214738	
Constant	-4.467***		-4.195***		-5.623*		-7.284***		-1.945	
Observations	1042		856		186		503		539	

*** p<0.01, ** p<0.05, * p<0.1

资本（0.0721）的2倍多，在体制内模型中，政治资本对住房分层的作用（0.130）是人力资本（0.102）的1倍多，由此可见，假设9得到了经验数据的支持，否证了假设7，而在1998年之后模型中和体制外模型中，假设9和假设7都没有得到经验数据的支持。这说明，1998年之前和体制内，拥有高政治资本的居民比拥有高人力资本的居民在住房分层中的优势更加明显。

（3）住房分层中的单位制度分割效应和住房制度分割效应明显。就单位而言，在总体模型1和1998年之前的模型2中发现，体制内（单位）居民比体制外（单位）居民在住房分层中的地位显著更高。而在1998年之后的模型3中，单位因素对住房分层的影响不显著。就1998年住房货币化制度对住房分层的分割效应而言，在总体模型1和体制内模型5中，1998年住房货币化改革后参加工作的居民比改革前参加工作的居民在住房分层中的地位要显著低。而在体制外模型4中，1998年住房货币化改革后参加工作的居民比改革前参加工作的居民在住房分层中的地位差异不显著。

可见，在总体模型1中，假设1和假设2都得到了经验数据的支持。这说明，总体上看体制内单位的居民相对于体制外单位的居民，其在住房分层中的优势更明显；1998年之前参加工作的居民相对于1998年之后参加工作的居民，其在住房分层中的优势也更明显。在1998年之前模型2中，假设1得到了经验数据的支持，这说明1998年之前体制内单位的居民相对于体制外单位的居民，其在住房分层中的优势更明显，而1998年后则不显著；在体制内模型5中，假设2得到了经验数据的支持，这说明在体制内1998年之前参加工作的居民相对于1998年之后参加工作的居民，其在住房分层中的优势更明显，而体制外则不显著。

（4）市场机制对住房分层的影响主要体现在居民的经济能力和融资能力对住房分层的作用上。随着住房改革的发展，尤其是在住房货币化改革后，居民的货币支付能力成为住房获得的最主要的因素，而经济能力和融资能力越强，其货币支付能力也就越强。因此，经济能力和融资能力也就成为影响住房分层的最为关键的两个要素。

在模型1、模型2、模型3、模型4和模型5中，我们都可以发现，居民经济收入对住房分层的影响是正向而且显著的。这说明，居民经济能力越高，其在住房分层中的优势越明显。假设3都得到了经验数据的支持。居民的融资能力主要体现在住房福利和父母资助方面。在总体模型1、模型2、模型3、模型4和模型5中，父母资助对住房分层的作用是正向而且显著的，都对假设5提供了经验数据的支持。这说明能得到父母资助的居民在住房分层中的地位更高。而是否享有住房福利对居民的住房分层地位没有显著的作用。假设4并没有得到经验数据的支持。

（5）我们将自我选择概念操作化为购房认同和购房排斥。数据显示，购房认同程度高的居民，人力资本越高或经济能力越强，在住房分层中的优势越明显；购房排斥程度高的居民，人力资本高或经济能力强，在住房分层中的优势并不显著。假设10和假设12得到经验数据的支持。然而，在1998年之前的模型中，购房认同程度高的居民，政治资本越高，在住房分层中的优势并不显著；相反的是，1998年之前，购房排斥程度高的居民，政治资本越高，在住房分层中的优势显著。假设11并没有完全得到经验支持。

3. 小结

总结以上的分析，我们发现：（1）在1998年之前，体制内单位的居民相对于体制外单位的居民，其在住房分层中的优势更明显；在体制内，1998年之前参加工作的居民相对于1998年之后参加工作的居民，其在住房分层中的优势也更明显；1998年之前和体制内，政治资本与人力资本对住房分层的作用显著：居民人力资本或政治资本越高，其在住房分层中的优势越明显，高政治资本的居民比高人力资本的居民，其在住房分层中的优势更明显。这主要是因为，1998年之前，广东省干部和职工的住房分配标准①主要是按行政级别来设置的，体制内住房的分配原则是以职务（行政级别）为主（广东省人民政府，1983a）。在公房私有化过程中，广州市鼓励干部职工购买现已自住的公房，只要其建筑面积在粤府〔1983〕

---

① 广东省住房分配标准：副省长或行政七级以上（含七级）的干部，一般标准180 m²、最高标准230 m²；委办厅局级干部，一般标准100 m²、最高标准130 m²；处级干部，一般标准80 m²、最高标准100 m²；科级干部，一般标准70 m²、最高标准85 m²；一般干部及职工，一般标准50 m²、最高标准75 m²；单身职工，一般标准7 m²、最高标准12 m²。资料来源：（广东省住房制度改革领导小组办公室编，1991：71）。

68号文件规定的住房分配控制面积以内的，可以享受减收征地和拆迁补偿费的优惠待遇（穗府，1989）。而体制外和1998年之后的居民则没有这种政策优惠待遇，其住房获得途径主要是商品房市场。由此导致了1998年前后，体制内外这种不同时空下住房分层机制的差异。这意味着1998年之前，国家政策明显使体制内居民尤其是权力精英在住房分层中处于有利地位，国家设置的住房政策分化各类住房群体。这种住房起点的不同影响了城市居民在住房市场的购买力和财富的积累，从而对城市住房分层产生了深远的影响。可见，在城市住房分层中国家政策效应十分显著，国家在住房分层中的规制作用明显。

（2）在住房分层过程中，市场机制的作用显著：居民经济能力越强，其在住房分层中优势越明显；能得到父母资助，其在住房分层中的优势也越明显。然而，在1998年后人力资本和政治资本对住房分层的影响并不显著。为了探究其中的原因，我们通过路径分析对这一问题做了进一步的分析，见图3—2—1和图3—2—2。研究发现，在1998年之前人力资本与政治资本对住房分层既有直接效用又有间接效用，而在1998年后人力资本与政治资本对住房分层只有间接效用，直接效用不显著。这说明，随着住房市场化改革的发展，人力资本与政治资本对住房分层并不是没发挥作用，而是人力资本和政治资本对住房分层的作用机制发生了变化，由原来直接参与住房再分配转变为通过经济收入回报间接对住房分层产生影响。可见，在住房分层中，市场机制在不断地增长，同时国家权力机制也在延续。

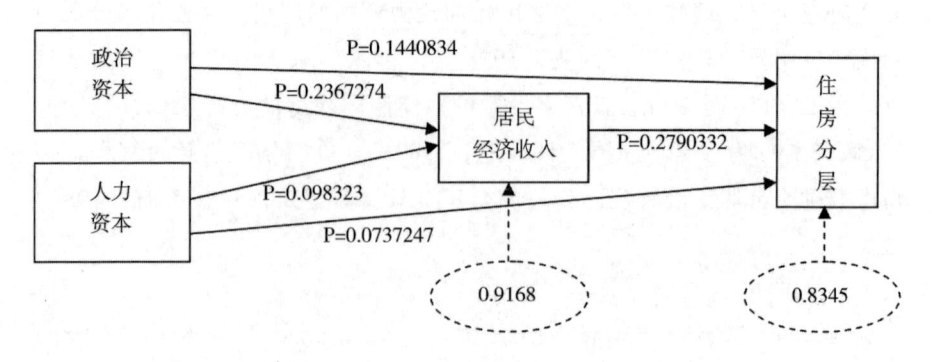

图3—2—1　1998年前住房分层路径分析图

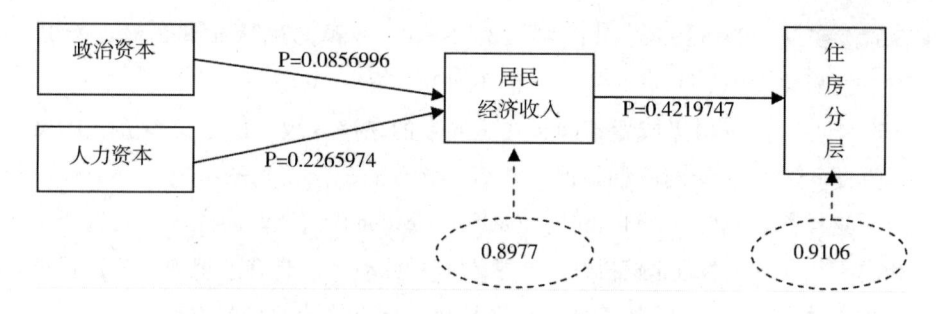

图 3—2—2　1998 年后住房分层路径分析图

（3）1998年之前，购房认同程度高的居民，政治资本越高，其在住房分层中的优势并不显著；而购房排斥程度高的居民，政治资本越高，其在住房分层中的优势明显。也就是说，1998年之前，高政治资本的居民，选择购房，其住房分层中的优势并不明显；选择不购房，则其住房分层中的优势显著。这就引出了一个非常值得思考的问题：购房或不购房对住房分层到底起到什么作用？要回答这一问题，我们必须要对购房与不购房这种自我选择对住房分层的效应进行深入分析。

（三）自我选择对住房分层的效应分析

1. 自我选择内生性模型及其原理

根据马德拉（Maddala，1986）的模型，我们将自我选择（Self‑Selection）问题写成一个内生性转换回归模型，这一模型由两部分组成：购房所获得的住房等级分层地位决定方程和是否购房的决定方程，在本文中为：

住房地位方程：

$$W_r = X_{1t}\beta_1 + u_{1t} \quad S=1（表示购房获得的住房地位） \quad (2.1)$$

$$W_0 = X_{2t}\beta_2 + u_{2t} \quad S=0（表示不购房获得的住房地位） \quad (2.2)$$

是否购房的决策方程：

$$S^* = \gamma Z_i + \delta(W_r - W_0) v_i \quad (2.3)$$

其中，W_r 和 W_0 分别表示购房和不购房获得的住房等级分层地位的对数，向量 X 代表一系列影响住房等级分层地位的解释变量，包括个人特征和结构特征，u_{1t} 和 u_{2t} 是误差项。S^* 是相应于是否购买住房的哑变量

S 的潜变量，$S^* > 0$，$S = 1$；$S^* \leq 0$，$S = 0$。Z 是影响决定是否购买住房的一组解释变量，X 中的一些（但不是所有的）解释变量也包括在 Z 中。$(W_r - W_o)$ 代表购买或者不购买住房导致的住房等级分层地位差异，居民选择是否购房要受到两种情况下住房等级分层地位差别的影响。

这样就会存在一个自我选择（self-selection）问题。而这个自我选择问题主要来自于样本的非随机性，通常样本（行动者）是有意识地自我选择进入某个样本组的，并且他们的选择又与我们需要估计的目标方程有关。住房等级分层地位方程中，居民的住房等级分层地位并不是随机的，而是他们根据个人的特征（如人力资本、政治资本、经济资本等的拥有情况）和结构特征（如单位的住房福利等的情况）来决定自己是否购买住房，最终其选择结果会代入方程（1）或方程（2）进行分析，这就产生了自我选择问题。

由于选择性的偏向，住房等级分层地位决定方程与是否购买住房的决定方程中的误差项可能是相关的，这也是内生性所在。设 $\sigma_{u_r v}$ 和 $\sigma_{u_o v}$ 分别表示住房等级分层地位方程的误差项 u_{1t}、u_{2t} 和决策方程的误差项 V 的协方差。V 与 u_{1t} 和 u_{2t} 和之间的协方差矩阵为：

$$\Omega = \begin{pmatrix} \sigma_v^2 & \cdot & \cdot \\ \sigma_{u_r v} & \sigma_r^2 & \cdot \\ \sigma_{u_o v} & \cdot & \sigma_0^2 \end{pmatrix}$$

将方程（1）、方程（2）代入是否购买住房决策方程（3）中得到：

$$S^* = \gamma Z + \delta(\beta_1 - \beta_2) X + \delta(u_{1t} - u_{2t} + v) \qquad (2.4)$$

使用新的参数方程又可写为：$S^* = \gamma Z + v$ (2.5)

由此我们可以看出，如果使用最小二乘法（OLS）去估计方程（1）、方程（2），再把结果带入方程（3）去估计决策方程，由于自我选择性问题，得到的结果一定是有偏误的。根据马德拉的模型（Maddala, 1983），可以计算条件期望住房等级分层地位为：

$$E(W_r \mid S = 1) = \beta_1 X + \sigma_{u_r v} \frac{\Phi(\gamma Z)}{\Phi(\gamma Z)} \qquad (2.6a)$$

$$E(W_0 \mid S = 1) = \beta_2 X + \sigma_{u_0 v} \frac{\Phi(\gamma Z)}{1 - \Phi(\gamma Z)} \qquad (2.6b)$$

三 城市住房分层机制分析

在此，$\phi(\gamma Z)$ 和 $\Phi(\gamma Z)$ 分别表示以 γZ 为变量的标准正态分布的密度函数和累计概率密度函数。$+\dfrac{\Phi(\gamma Z)}{\Phi(\gamma Z)}$ 和 $-\dfrac{\Phi(\gamma Z)}{1-\Phi(\gamma Z)}$ 代表了观测不到的居民的能力或者偏好带来的选择（selection term），是对于自我选择性的纠正，$\sigma_{u_1 v}$ 与 $\sigma_{u_0 v}$ 由估计产生。如果 $\sigma_{u_1 v}$ 和 $\sigma_{u_0 v}$ 显著不为零就说明对于选择性的纠正是有必要的。

在 $\sigma_{u_1 v}$ 和 $\sigma_{u_0 v}$ 显著的情况下，存在以下4种可能：

$\sigma_{u_1 v}>0$，$\sigma_{u_0 v}<0$：说明选择购房的人，其购房的价值超过平均水准；不选择购房的人是源于其购房带来的收益是负的，不购房反而带来更好的收益。总体而言，无论购房或者不购房的人，都获得了比随机安排情况下更好的收益。所以对于购房或者不购房的人都是正强化。

$\sigma_{u_1 v}>0$，$\sigma_{u_0 v}>0$：我们抽取到的那些购房的人，无论其购房或者不购房，其收益均高于随机抽取到的购房或者不购房的人，同时购房的收益高于不购房，即人力资本和政治资本高的居民倾向于购房。那些不购房的人，无论其购房或者不购房，其收益均低于随机抽取到的购房或者不购房的人，并且其不购房的收益低于购房。这里，对于购房的人是正强化，但是对于不购房的人，是负强化。

$\sigma_{u_1 v}<0$，$\sigma_{u_0 v}<0$：我们抽取到的那些购房的人收益低于随机抽取到的购买的人，即人力资本和政治资本高的居民倾向于不购房。

$\sigma_{u_1 v}<0$，$\sigma_{u_0 v}>0$：购房的人获得的收益低于平均水平，不购房的收益很高。这是一个现实中不太可能出现的情况。

2. 分析结果

1998年，广州市实行住房货币改革，采取"老人老办法，新人新政策"的原则，1997年9月27日以后参加工作的属于"新人"，参加住房货币化补贴计划；9月27日之前参加工作的"老人"可以选择接受货币补贴或享受福利分房。1998年至2000年，广州市还实施了换购、补购住房和差额货币补贴政策。2000年1月1日起广州全面停止实物分房，实行货币化分房。可以说广州1998年住房制度货币化改革不仅使住房制度发生了根本性转变，也彻底改变了广州市居民的购房行为模式。因此，

表 3-3-1　不同时间下是否购房对住房分层效应的内生性转换模型

	（模型1）全部时期			（模型2）1998年之前			（模型3）1998年之后		
	购房时住房地位	不购房时住房地位	选择模型	购房时住房地位	不购房时住房地位	选择模型	购房时住房地位	不购房时住房地位	选择模型
性别（女性=0）	0.121***	0.0554	0.338***	0.121***	0.0679**	0.332***	0.194***	0.171	0.208
购房年龄	0.0327***	0.0239***	0.142***	0.0331***	0.0214***	0.135***	-0.0119	0.0873***	0.115***
购房年龄的平方/100	-0.0369***	-0.0478***	-0.145***	-0.0372***	-0.0412***	-0.135***	0.0137	-0.218***	-0.0821
家庭人口	-0.0410***	0.0628***	-0.340***	-0.0369***	0.0644***	-0.287**	0.0493	0.00705	-0.581***
婚姻（未婚=0）	0.165***	-0.198***	0.854***	0.0737	-0.203**	0.580**	-0.0850	-0.126**	0.433**
政治资本因子得分	0.0368***	0.0147	-0.136	-0.0413***	0.0253*	-0.128**	0.0279*	-0.0376	0.367**
人力资本因子得分	0.0415***	0.0606***	0.0306	-0.0293***	0.0402*	-0.0276	0.0936**	-0.0239	0.188**
单位（体制外=0）	-0.0777***	0.0531*	-0.183**	-0.0795***	0.0995***	-0.370***	-0.108	-0.0418	0.298
个人年收入（对数）	0.203***	0.186***	0.414***	0.204***	0.125***	0.833***	0.133*	0.275***	0.588**
时期哑变量（1998年以前为0）	-0.0774**	0.0587*	0.299*	—	—	—	—	—	—
父母资助（未资助=0）	0.0792**	0.276***	0.304**	0.0726**	0.307***	0.234*	0.108*	0.725***	0.507*

三 城市住房分层机制分析

续表

	(模型1)全部时期			(模型2)1998年之前			(模型3)1998年之后		
	购房时住房地位	不购房时住房地位	选择模型	购房时住房地位	不购房时住房地位	选择模型	购房时住房地位	不购房时住房地位	选择模型
是否继承（非继承=0）	-0.554***	0.765***	-1.625***	-0.145	0.788***	-1.810***	-0.234*	0.672***	-1.031***
Constant	3.598***	2.766***	-4.094***	3.602***	2.707***	-2.989***	3.381***	3.555***	-2.839
Observations	1042	1042	1042	856	856	856	186	186	186
sigma_1	0.2923792***	0.0094079		0.2929458***	0.0091777		0.3375318***	0.0482864	
sigma_2	0.2560153***	0.0134975		0.2660932***	0.0161536		0.2194302***	0.0206195	
rho_1	0.9602999***	0.0213437		-0.9792337***	0.0115838		0.4357365***	0.1983467	
rho_2	-0.5070037***	0.1786457		-0.5574368***	0.1648164		0.381849***	0.0673253	

*** $p<0.01$, ** $p<0.05$, * $p<0.1$

我们将时间划分为1998年之前和1998年之后，见表3—3—1的模型2和模型3。以下是不同时间下内生性转换模型的实证结果与发现。

（1）无论对于全体的结果，还是对于分时期的结果，独立模型的似然估计及相关检验都表明，选择偏误调整是显著的。同时，在购买住房和不购买住房这两个不同体制模型中，一批变量的系数有着显著差异，说明需要分成不同的样本体制类型。

（2）对于全部时期的模型，$\sigma_{u_r v}$（rho_1）大于0且显著；分时期结果则显示，1998年之前，$\sigma_{u_r v}$（rho_1）<0且显著，1998年之后，$\sigma_{u_r v}$（rho_1）>0且显著。这显示出对于购房的人而言，随着住房制度改革的发展，尤其是在住房货币化改革，停止福利分房后，发生了重大的变化：在1998年之前，能力强的人倾向于不购房；而到了1998年之后，购房的人是能力很强的人，其获得住房的能力高于随机样本。

（3）对于全部时期的模型，$\sigma_{u_0 v}$（rho_2）小于0且显著；分时期结果则显示，在1998年之前$\sigma_{u_0 v}$（rho_2）<0且显著；1998年之后，$\sigma_{u_0 v}$（rho_2）>0且显著。其含义是，总的来说，不购房的人，其住房阶层地位要高于随机抽取到的人，不购房的群体如果购买住房，其住房阶层地位会显著降低。随着住房市场化改革的发展，特别是停止实物分房后，情况发生了一些变化，即在1998年之前购房的人其获得住房阶层地位低于随机样本，不购房是源于购房带来的收益是负的，不购房对他来说更加有益；到了1998年之后，情况则发生了根本变化，购房的人的住房阶层地位明显高于随机抽取到的人，不购房的人其住房阶层地位明显低于随机抽取到的人。

总结以上发现：在全部时期的模型中，时期哑变量是显著的，说明在1998年前后，人们是否购房的行为模式发生了重大改变。具体而言，有能力的人在1998年之前倾向于不购买住房，因为购房并没有给他们带来好的回报；而在1998年之后，有能力的人则倾向于购房，并且购买住房会带来丰盈的净回报。没有购房的人如果购买了住房其住房阶层地位会得到很大的提高。

如何理解以上的发现呢？在1998年以前的福利分房时期，住房分配

三 城市住房分层机制分析

标准主要是依据职工的行政级别①和资历。据此，能力强的人或者说行政级别高的人能够分得条件相对较好的住房，而且住房租金并不高。在20世纪80年代，房租单价每平方米最高一角八分，最低五分（广东省人民政府，1983）。20世纪90年代，根据职工收入逐步提高住房租金，租金水平按占上年双职工家庭平均工资总额的比例确定。1995年为3%，以后每年递增2%，2000年达到15%（广东省人民政府，1995）。在提高住房租金的同时，为抵消改革给居民增加的负担，广州市政府下文由承租人所在单位，按租金的40%给承租人发放房租补贴②。而且，在福利分房时期，住户的权利也有了基本保障，除非他们调换到更好的住房或者是调动了工作单位，否则一般情况下，职工可以一直租住单位分配的住房，甚至可以由其子女继承（朱亚鹏，2007：49）。这样，公房的低租金且权利能得到保障，致使能力强的人或者说行政级别高的人并没有购房的意愿。1998年之前模型2的选择模型中，政治资本因子得分的系数为 -0.128 且显著，也印证了这一观点，这是其一。

其二，住房市场化改革过程中，我国形成了住房供应的双轨制，即国有单位向其职工按照优惠价格提供住房的公房市场和按照由房地产开发商提供的实行公开市场价的商品房市场。事实上，在住房货币化改革前，商品房市场仅仅是城市居民获得住房的一个较为次要的渠道。单位通过建房或者从市场上购买住房，在向职工提供住房福利方面仍发挥着举足轻重的

---

① 广东省、市机关对干部、职工住房分配控制面积的规定是：(1) 副省长或行政七级以上（含七级）的干部，每户建筑面积180平方米，最高不得超过230平方米；(2) 委办厅局级干部，每户建筑面积100平方米，最高不得超过130平方米；(3) 处级干部，每户建筑面积80平方米，最高不得超过100平方米；(4) 科级干部，每户建筑面积70平方米，最高不得超过85平方米；(5) 一般干部及其他职工，每户建筑面积50平方米，最高不得超过75平方米；(6) 离、退休干部职工，按干部、职工离、退休的政策规定执行；(7) 单身职工住集体宿舍的，每人按7平方米（净空面积计）左右安排，科以上干部每人按12平方米左右安排；(8) 没有行政职务的科技、教育、文艺、卫生、体育等人员，按省委粤发〔1982〕72号文件的规定，比照其同级行政职务标准执行。摘自：广东省人民政府颁发《关于省政府直属机关房屋管理的暂行办法》的通知粤府〔1983〕68号。

② 凡全民和集体单位出租的公有住房，租金低于现行"广州市民用公房住宅租金计算标准"的，统一按本规定的标准计租，并统一实行以承租户为补贴对象，由承租人所在单位，按租金的40%计发房租补贴的办法。摘自：广州市住房制度改革实施方案（穗府〔1989〕80号，一九八九年八月十六日）。

作用（朱亚鹏，2007：21）。在公房市场，广州市政府明文规定，每个干部、职工家庭，包括夫妻、未婚子女和赡养的老人，只能按优惠价购买一次公有住房。干部职工购房之后，如果发生职务升降变动时，其原来已经购得的住房也不能因此再根据优惠办法重新作相应的变动。而且，凡居住自有私房且私房面积已超过省规定的住房分配控制面积的，不得再按优惠办法购买公房（广东省人民政府，1983b）。这就意味着，一旦购房，无论是购买公房还是商品房都会失去优惠购买公房的机会。而一般来说，随着现代化的发展，新建的公房质量普遍优于旧公房。这样，对于能力强的人或行政级别高的人来说，购房意味着不能更换或购买可能更好的公房，自己的利益受损，不购房则意味着有机会更换或购买可能更好的公房，这反而对自己有利。根据理性选择理论，行动者的行动原则可以表达为最大限度地获取利益（科尔曼，1990：15）。因此，在1998年之前福利分房时期，能力强的人或行政级别高的居民倾向于不购房，这其实是一种理性的选择。

而到了1998年住房货币化改革，福利分房全面终止以后，居民的购房行为模式发生了重大改变。是否有机会获得公共住房对职工是否进入商品房市场的影响是十分重要的（朱亚鹏，2007：18）。1998年住房货币化改革意味着居民可能再也没有机会获得公房，这迫使居民不得不加紧购公房，如图3—3—1所示，广州居民在1998—2000年补购、换购期间，年均购房人数最多。

而在商品房市场，房价的逐年攀升，也使居民意识到购房甚至越早对自己越有利，不购房则对自己不利。深圳《南方都市报》一则报道[①]也说明了这

[①] 历史总是有出人意料的一面。回顾2004年的楼价，小王这样总结：我在冲动买房的懊恼中悔着悔着，楼价就上去了，周围的同事，在理性中思考着思考着，肠子就悔青了。

2004年2月，过完春节回到广州的小王，路过海珠区某楼盘时，发现大楼外拉着一条大大的横幅：买楼免契税，外加9.8折优惠。小王到售楼部咨询后被告知，优惠活动还剩最后一天，小王立即赶到售楼部，交了2万元定金，选了一套80多平方米的房子。回到家，看到存折上仅有的三万元存款，小王开始后悔，首付的大头还要父母来出。

"后来，我好几次打电话问售楼小姐能不能退房，售楼小姐都烦了我，干脆不接我电话。"小王想想也觉得好笑，就在他一边办理各种手续的时候，却发现楼价嗖嗖地涨了上去，同年底，他所买的楼盘均价已经从5800元/平方米涨到了6500元/平方米，算起来，他几个月就赚了6万块，而那些过于理性的同事却自认倒霉，"2005年，我在楼下遇到看房的同事小张，他抱怨说本想多存一年钱再买楼，没想到一年后楼价涨那么多，白忙了。"（深圳《南方都市报》，2010）

三 城市住房分层机制分析

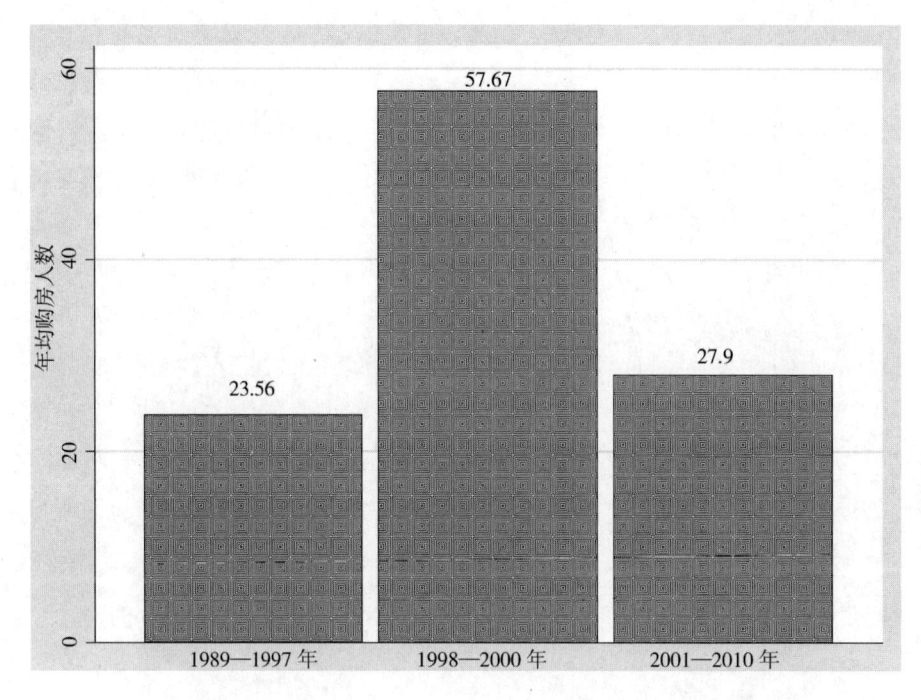

图 3—3—1　1989—2010 年广州市抽样调查样本中年均购房人数

一事实。

由此，能力强的人在 1998 年之后则倾向于购房。而不购房的人则主要是因为自己买不起房。

我们对 1998 年之前的模型做了更深入的分析。根据内生性转换模型将购房者和不购房者的预测住房阶层地位做了分布对比（见图 3—3—2），发现无论是购房还是不购房，预测的住房阶层地位均呈现出双峰结构。

考虑到 1998 年之前体制内与体制外的居民群体属于不同的子样本群，存在着住房阶层地位上的差异，因此我们在空间上重新分体制做了两个内生性转换模型。表 3—3—2 显示的是将体制内外分开的分析结果。

根据分体制内外的内生性转换模型预测的购房和不购房的预测住房阶层地位分布对比图均呈现出单峰结构：（具体见图 3—3—3 和图 3—3—4）

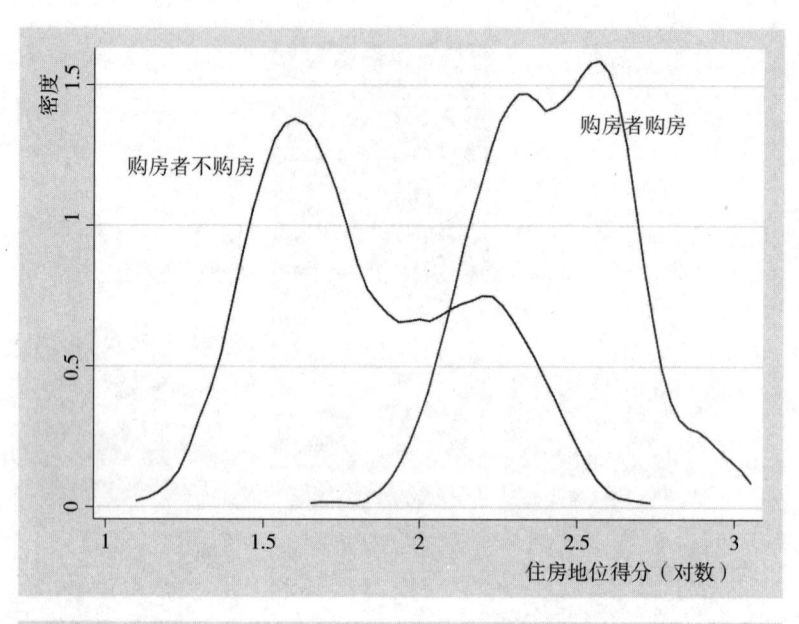

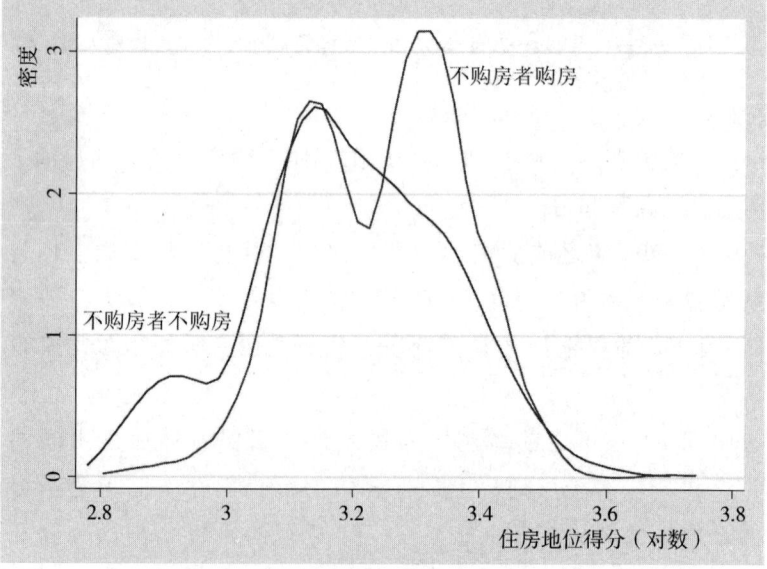

图 3—3—2　购房者与不购房者的密度住房阶层地位得分分布对比

三　城市住房分层机制分析

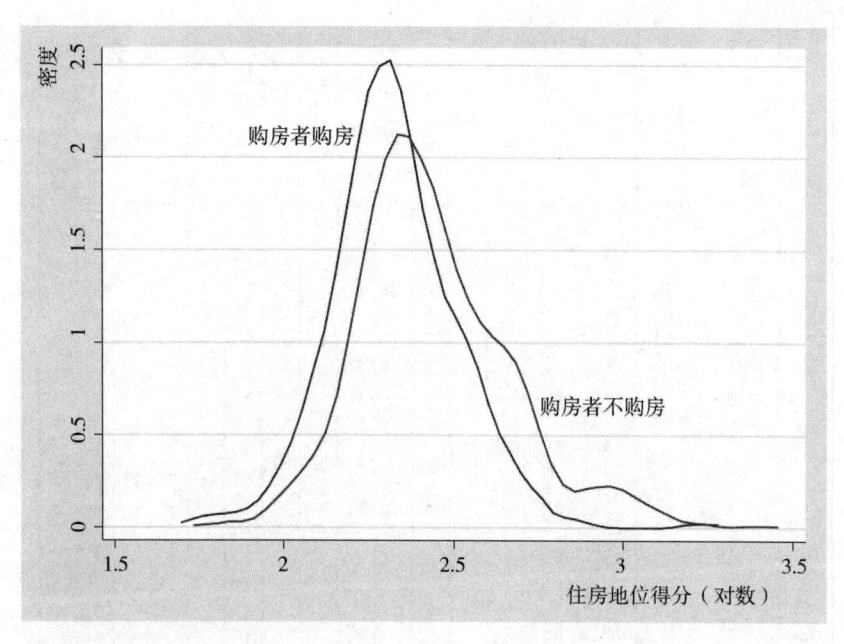

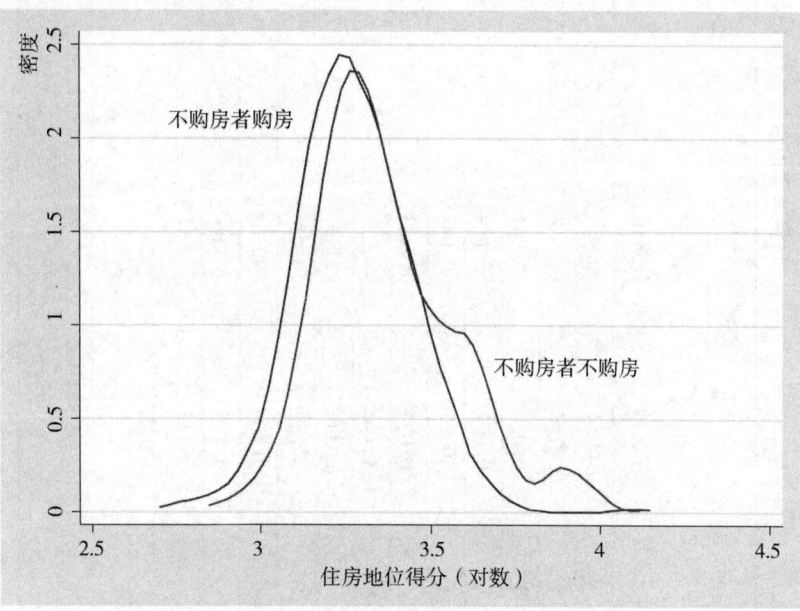

图 3—3—3　体制内的内生性转换模型预测的购房者与不购房者的住房阶层地位得分分布对比

表 3-3-2　1998 年前体制内外是否购房对住房分层效应的内生性转换模型比较

	体制内（1998 年之前）			体制外（1998 年之前）		
	购房时住房地位	不购房时住房地位	选择模型	购房时住房地位	不购房时住房地位	选择模型
性别（女性=0）	0.0954***	0.0242	0.460***	0.108***	0.0978**	0.136
购房年龄	0.0250***	0.0304***	0.111***	-0.00581	0.00544	0.135**
购房年龄的平方/100	-0.0304***	-0.0414**	-0.0990***	0.0738	0.0454	-0.968
家庭人口	0.00131	0.0346	-0.276***	-0.0252	0.0336	-0.383***
婚姻（未婚=0）	0.160	0.0441	1.797***	0.0237	-0.249**	-0.343
政治资本因子得分	-0.0547***	0.0623**	-0.0228*	0.0427*	0.0575	0.109*
人力资本因子得分	-0.00534*	0.0673**	-0.105*	0.0426*	0.0753*	0.104*
个人年收入（对数）	0.106***	0.140***	-0.0475*	0.292***	0.0924*	0.937***
父母资助（未资助=0）	-0.0275	0.0302	-0.281	0.00746	0.568***	0.549***
是否继承（非继承=0）	0.0385	-0.0228	0.191	-0.0428	0.369**	0.667
Constant	0.426**	0.206**	-1.966***	-0.752*	0.668*	-12.74***
Observations	473	473	473	383	383	383
sigma_1	0.2712325***	0.0108938		0.2508231***	0.0151229	
sigma_2	0.2527927***	0.0214826		0.2518963***	0.0144356	
rho_1	-0.9641652***	0.0181248		0.2534054***	0.0824972	
rho_2	-0.2738727***	0.0600095		0.0840787***	0.0271788	

*** p<0.01, ** p<0.05, * p<0.1

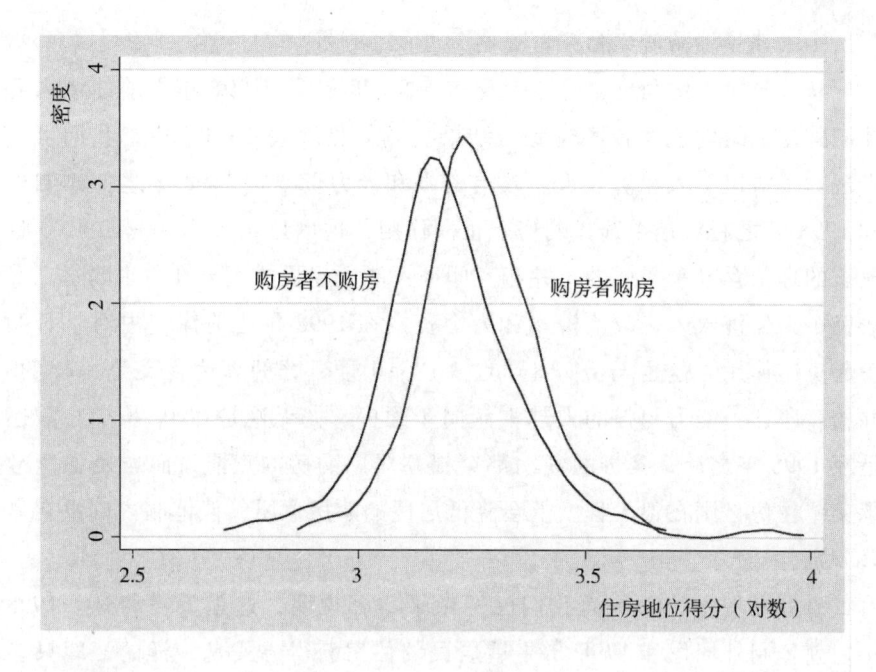

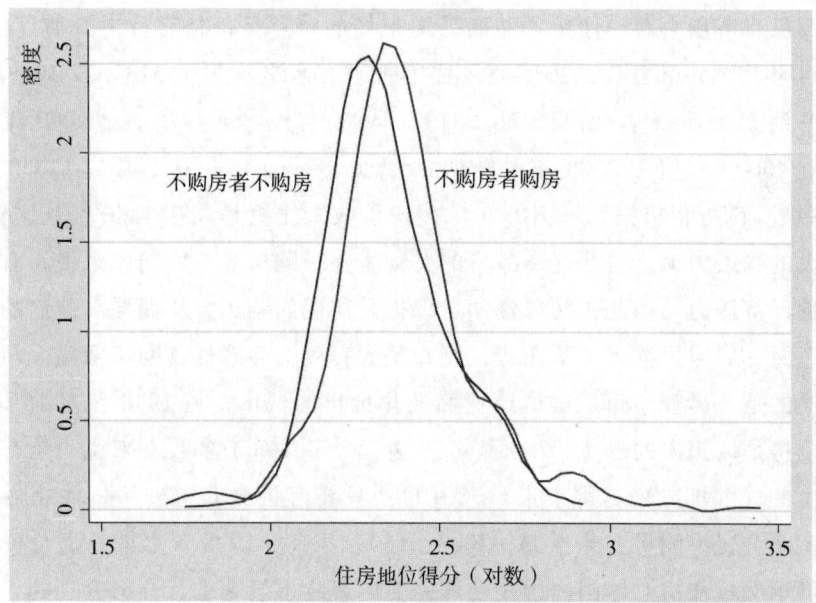

图3—3—4 体制外的内生性转换模型预测的购房者与不购房者的住房阶层地位得分分布对比

①选择模型的研究结果与说明

从选择模型的角度来分析，比较1998年之后、1998年之前体制内和体制外这三组内生性转换模型的结果（具体见下表3—3—3），我们可以发现：①居民个人经济收入、政治资本和人力资本在1998年之前体制外和1998年之后对是否选择购房起正向作用，这也与 $\sigma_{u,v}$（rho_1）>0且显著的理论含义是一样的，并相互印证：能力越强的人越倾向于购房。②居民个人经济收入、政治资本和人力资本在1998年之前体制内对是否购房起负向作用，这也与 $\sigma_{u,v}$（rho_1）<0且显著的理论含义是一样的，并相互印证：能力越强的人越不倾向于购房。③无论是在1998年之前还是在1998年之后，父母的资助都会提高居民购房的意愿，而居民如能继承父辈住房，则在很大程度上会降低居民的购房意愿，但体制内则没有显著差别。

研究发现①和②前面我们已经做了解释说明，这里不再赘述。1998年之前体制外居民和1998年之后居民的住房获得方式是一样的，即只能到商品房市场去获得住房。而商品房市场的特点是价格高且上升速度快。1984年广州市新开发的小区商品住宅每平方米平均售价513元，1988年上升到1500元（李斌，2002b：81），1998年上升到4972元，2000年上升到4000元左右，2008年上升到8012元，2010年9月上升到11850元（深圳《南方都市报》，2010）。广州房价收入比更是高达12.09[①]。这样，居民的购买力无疑是获得商品房的关键所在。购房对一般居民来说，有较强的经济压力。因此，父母资助可以提高居民的购买力从而提高他们的购房意愿，而居民继承父辈住房，则在很大程度上会降低其购房意愿。与之不同的是，尽管广州是房地产业商业化最早的城市，但1998年之前，福利分房是广州人的梦想，"商品房"这三个字，对于多数人来说，是有些陌生的（深圳《南方都市报》，2010）。只要有机会获得公房，体制内居民就不会轻易购房（朱亚鹏，2007：18）。因此，1998年之前，父母资助或继承父辈住房对体制内居民购房意愿的影响不显著也是合情合理的。

[①] 广州人买楼难过沪杭，房价收入比位列全国第四，资料来源：http://house.focus.cn/news/2009—04—21/662155.html。

三　城市住房分层机制分析

表 3—3—3　　表 3—3—1 和表 3—3—2 中选择模型中的关键变量的系数对比

	1998 年之前		1998 年之后
	体制内模型	体制外模型	
政治资本因子得分	−0.0228*	0.109*	0.367**
人力资本因子得分	−0.105*	0.104*	0.188*
个人年收入（对数）	−0.0475*	0.937***	0.588**
父母资助（未资助=0）	−0.281	0.549***	0.507*
是否继承（非继承=0）	0.191	0.667	−1.031***

表 3—3—3 所显示的即是从再分配程度降低和市场化程度增加的顺序，结果显示伴随着市场化程度的提高，特别是住房货币化改革后，房价日益飙升，面对这一社会情境的转变，有能力的人选择购买住房 [$\sigma_{u_1 v}$ (rho_1) >0，且显著]；不购买住房的人，其利益将会受到损害 [$\sigma_{u_0 v}$ (rho_2) >0，且显著]。

3. 小结

我们利用内生性转换模型探讨了住房分层机制中的自我选择效应：在 1998 年之前的体制内，能力强的人倾向于不购房；而在 1998 年之前的体制外和 1998 年之后，能力强的人倾向于购房。在 1998 年之前的体制内，不购房者如果购房，其住房阶层地位会下降；购房者如果不购房，其住房阶层地位会上升。在 1998 年之前体制外和 1998 年之后，那些人力资本或政治资本高的居民实际购房时，其住房阶层地位会更高；购房者如果不购房，其住房阶层地位会下降。因此，我们就能合理解释 1998 年之前，购房认同程度高的居民，政治资本高，其住房阶层地位并不显著高；购房排斥程度高的居民，政治资本高，其住房阶层地位也高的原因了。当然，就购房或者不购房而言，很可能这是一个更为复杂的选择过程；描述这个选择过程的选择函数，应该不但与行动者所拥有的经济资本、人力资本和政治资本等个体特征有关，还受到购房过程所处的宏观社会情境的影响。然而，要深入研究这个选择函数，需要包含行动者在不同社会情境下的购房行为和结果的动态数据。就目前而言，在面对截面数据时，内生性转换模型可能是最好的分析方法。

（四）小结与讨论

城市住房分层主要是由国家权力机制、市场机制和居民自我选择共同作用的结果。我们对住房分层机制的研究发现，城市住房分层的机制较为复杂，权力机制（国家政策等）和市场机制（市场力量等）同时作用，对城市居民的住房分层均产生重要影响。但随着市场改革的深入，权力机制对住房分层的作用相对有所削弱，市场机制的作用加强。也就是说，在总体上，住房体制改革后，社会分层的权力机制得到延续，而市场化机制也同时并行地增长着。住房分层机制呈现出双重分层体系。

1. 就权力机制而言，我们认为，社会主义住房权力机制至少包含两个部分：一个是能够反映出社会主义理想的改善穷人住房困难的再分配等级体系。如政府开发廉租房、经济适用房等保障性住房为低收入家庭提供住房保障，可以缩小不同收入群体在住房分层上的差异，改善穷人住房困难状况，从而提高低收入群体的住房分层地位。萨列尼认为，在这种情况下，再分配者是自私的，总是以福利、价格补贴的方式，使自己在使用、租用、购买国家供给的公共物资和消费品上处于有利地位（Szelényi, 1978）。这些起初（至少在意识形态上）是为了改善穷人住房困难的政策，最终在事实上却让地位更高的人群得利（Szelényi, 1983）。另一个是市场改革时期的政府部门在控制住房再分配过程对住房监控与管理而形成的公共权力官僚体系。如这些权力部门可利用所拥有的住房资源，为其职工提供充足的福利住房（如房改房），甚至可以先从开发商那里购买商品房，然后将其转变成公共住房分给单位职工。而拥有这种再分配权力的个人则可以优先到住房市场中获得实惠。如拥有再分配权力的居民可利用占有的社会权力资源优势，在择房和购房的过程中减少竞争激烈度，或将部分竞争者排斥在竞争之外，获得购房机会。甚至可以利用权力从住房市场获得优惠的或免费的住房资源。这样，再分配体制中的权力精英，不仅可以通过"公房私有化"改革过程将计划经济体制下分得的优势住房资源合法地"私有化""商品化"，同时还可以在房改过程中抢占有利的政策机会，或通过行政能力享受市场特权，利用公共权力为其谋取住房利益。

在现实生活中，以经济适用房的名义为官员建造豪华别墅（《经济参考报》，2010；《中国青年报》，2010）、低价团购商品房（东方网，2010）、公务员内部价购房（《法治周末》，2010）等行为屡见报端也充分说明了这一事实。城市住房分层是权力机制（或者说是国家再分配力量）作用的结果。

（1）城市住房分层是国家住房政策运行的结果。实证研究表明，人力资本和政治资本在不同的时间和空间下其效用明显发生变化。1998年之前和体制内，政治资本和人力资本对住房分层的作用显著；而1998年之后和体制外，政治资本和人力资本对住房分层的作用不显著；单位在1998年之前对居民住房地位的影响显著，而在1998年之后则影响不显著；体制内，1998年之前参加工作的居民住房地位比1998年之后参加工作的居民更高；等等。这些变化其实更多地遵循整个国家内部政治经济生活变迁的轨迹，而不是简单地依附于市场化过程。国家主导的住房市场化改革意味着市场改革进程掌控在国家手中，重大住房改革政策都是根据国计民生而审时度势后制定的。因而住房市场改革对住房分层的影响，交织着以多种方式表现出来的国家力量，针对住房市场的政策法规，都较大程度地影响着住房分层机制。在城市住房制度改革过程中，国家推出了一系列政策措施，如"提租补贴"，建立住房基金；以优惠价出售旧公房入手，建立住宅基金；新建公房、向个人出售和"新房新租"；"以息抵租"；推行住房公积金；买房给优惠；提高房租补贴；建设经济适用房或安居工程；住房货币化补贴；保障房政策；等等。这些住房政策就是一条条的分配红线，它左右着住房分层的逻辑，红线内外决定着完全不同的住房分层机制。这些住房政策导致的结果是：城市精英获得了更多的住房利益，而社会下层的住房利益普遍受损。住房货币化改革以后，国家一般不再直接干预居民住房的具体分配，但是国家仍然通过土地转让、房产税收等一系列的政策推动并加速住房价格的上扬。城市过高的住房价格迫使一些社会中下层要么成为无产权房阶层，要么长期成为"房奴"。由此可见，住房分层机制中国家政策作用十分显著。城市住房市场并不是一个完全自律的市场体系，一切非理性的干预，包括权力、特权的干预，都被赶出了市场体系（Giddens，1973）；而是从一开始，住房市场就是在政府的引导和干预下发育的。各种权力和特权不仅没有被赶出市场，相反，权力机构和享有特权的人常常会捷足先登（Walder，1996）。

（2）单位特征始终对城市住房分层产生重要影响。工作单位不仅是一种社会管理制度，也是一种分配制度（Walder，1986；Bian，1994）。市场改革的发展，由"管理型单位"变为"利益型单位"（孙立平等，1994），强调不同利益主体的差异性，不同"单位"各自的利益也明确地体现出来。这样，"单位"占有资源的稀缺和重要程度上的差异，对隶属于不同"单位"的社会成员的资源占有状况的影响也越来越大。使得职业相同但"单位"隶属关系不同的社会成员之间，在资源占有状况上出现很大差别（郝大海，1999）。可见，单位是一个被再分配逻辑支配的、代表体制性格的社会经济指标（李路路、边燕杰，2008：9）。工作于不同单位的居民获得住房的途径是不一样的。一般来说，有特权的好单位收入高、建的房子更好，无特权的单位收入低、建的住房差，甚至无房，形成了一种"负福利"的现象（中国新闻网，2008）。相比之下，住房改革前，体制内单位比体制外单位拥有更多的住房资源，住房资源分配能力更强。住房改革以后，单位拥有了相当程度上的自主权，其收入分配的弹性增大。单位的状况直接决定着社会成员的实际收入状况，而单位又主要通过货币形式影响职工的住房分层。因此，不同单位之间的经济收入水平往往决定其职工所处的住房阶层。

2. 就市场机制而言，其内在逻辑是追求经济合理性，这会导致社会不平等和阶层分化的效应。市场所依赖的竞争和效率机制导致财富和贫困在社会两端积累的马太效应。且这种效应是通过一种形式上平等的市场交易形式实现的。相对于权力机制，市场机制由于其内在追求经济合理性逻辑的驱动，属于一种相对稳定的社会过程。1998年房改之后，由于住房的市场化、商品化和货币化改革，居民的住房获得模式发生了根本性的改变。单位不再为居民个人提供住房，个人必须从市场购买住房。于是，个人的经济能力和融资能力，成为获取住房的主要手段。个人通过货币买房展现的是个人的经济能力和融资能力。住房货币化意味着社会成员买房依据的是个人的经济能力和融资能力。按照市场运作逻辑，房地产市场中住房资源基于个人经济能力和融资能力而分化。因此，城市住房分层也是市场机制（或者说是市场能力）作用的结果。

（1）城市住房分层是居民经济能力作用的结果。我们的实证研究结果显示，居民的经济能力越强，其住房分层地位也越高。在住房改革过程中，买房给优惠、提租、推行住房公积金、建设经济适用房或安居工程、住房货币化等一系列的住房改革政策，都需要居民投入数额不等的货币，并且货币投入越多，居民获得的住房利益也就越大。住房改革后，中国城市住房价格快速增长，尤其是大中城市的住房价格飙升，住房与居民的经济能力之间的关联越来越紧密，住房这一分层指标目前已经完全适用于当今中国（李斌、王凯，2010a）。可见，居民的经济能力是住房分层的核心指标之一。

（2）城市住房分层是居民融资能力作用的结果。融资能力既包括制度性融资能力，也包括非制度性融资能力（如父母家庭资助子女买房）。前者指的是由正式机构或制度（如住房福利）所提供的融资渠道；后者是由社会关系网络所提供的融资渠道，主要是子女从父母方面所获得的住房借款，这种借贷并不需要子女把住房借款返还父母。（王宁、张杨波，2008）。

一般来说，除了一次性付款购房的居民外，城市居民主要分两类：有能力支付首期房款的居民和没有能力支付首期房款的居民。这两类居民的融资能力大小也就决定了其住房分层地位的高低。有能力支付首期房款的居民，可以通过制度性融资渠道而获取住房，其制度性融资能力（如单位住房公积金的多少、能否从银行贷款及贷款的数量等）决定了其住房分层的地位。而那些没有能力支付首期房款的居民，就不得不从家庭网络这种非制度性融资渠道获得帮助从而获取住房。我们的实证研究表明，那些能得到父母资助的居民，其住房分层地位明显要高于未能得到父母资助的居民。这两类居民的市场能力或许相差并不太大，但由于受到父母一代帮助的影响，他们在住房分层地位方面产生明显分化。这样，父代的社会不平等将会通过财产转移的方式给予子代，父子之间进行的不是财产权利的交接而仅仅是对财产管理控制权力的交接（高永平，2006）。可见，市场机制的发展在减低政治因素的"干扰"作用的同时，使得代际间社会地位的直接继承借助于"市场"的平等性形式成为可能（李路路，2003b）。

需要进一步说明的是，自1998年住房货币化改革以来，中国的住房发展主要依赖市场化。住房供应的主体已经由政府和单位转变为房地产商,城市居民主要通过市场来获得住房。经过十多年的住房市场化改革,城市住房分布逐步趋向于市场经济社会特征。经济能力或融资能力大小成为决定住房分层的主要因素。然而,居民的人力资本和政治资本状况:一方面,通过经济能力或融资能力间接地影响住房分层状况;另一方面,居民的人力资本和政治资本状况也可能直接影响住房分层状况。如单位为引进人才直接为人力资本高和政治资本高的居民提供住房,又如我们前面所述的,政治资本高的居民也可能通过公权力获得优质住房或免费住房等。同时,边燕杰、刘勇利(2005)采用"五普"数据分析了住房产权与居住质量问题。也发现户主职业地位高的住户在产权拥有率、购买租赁比、购房能力(特别是购买新建商品房)上均表现出显著优势,管理精英和专业精英的家庭所拥有的住房往往面积更大、质量更好(边燕杰、刘勇利,2005)。这就充分说明,在市场机制中,人力资本与政治资本对住房分层的作用显著。

总而言之,城市住房分层是"市场"与"国家"共同形塑,市场机制与权力机制共同作用的结果。中国住房分层的现状是从改革前形成的住房分层在住房货币化和市场化的过程中延续了下来,从而出现了国家权力与市场共同塑造了住房分层的局面。住房改革的受益者基本是那些政治资本和人力资本高的人,以及那些占有组织资源和权力的单位职工,这就使得旧的福利住房体制所带来的住房分层进一步加强了。国家主导下的住房市场化改革,随着市场的推进,国家的要素越来越包含市场的成分,而决定市场的要素又涵盖着国家的成分,市场与国家的融合是国家主导下市场改革所导致的必然结果。因此,市场能力尽管是城市居民住房分层的主要依据,但国家设置的住房政策也对住房分层产生重要影响。

3. 我们利用内生性转换模型发现了住房分层机制中的自我选择性。实证表明,在1998年之前的体制内,能力强的人倾向于不购房。不购房者如果购房,其住房阶层地位反而会下降;而在1998年之前的体制外和1998年之后,能力强的人倾向于购房。购房者如果不购房,其住房阶层地位会下降。也就是说,在1998年之后那些人力资本或政治资本高的居民实际购房时,其住房地位才会更高,如果不购房其住房地位也不显著更高。这其实也是一个反事实的问题(谢宇,2006)。由此,我们回顾并反思住房分层的原因机制时发现,权力机制与市场机制是影响住房分层的结构因素，政治资本与人力资本的高低是住房分层的必要条件，而不是充分条件。一般而言，只有人力资本或政治资本高的居民选择购房时，人力资本或政治资本对住房分层才会产生显著影响，如果不购房人力资本与政治资本对住房分层并不会产生显著影响。显然，"人力资本或政治资本高的居民住房分层地位也高"的论断从某种意义上说忽视了居民的自我选择过程。

四 结论与讨论

（一）研究结论

在本研究中，我们通过建构潜在类别分析模型，从住房产权的有无、住房产权的数量和住房产权的获得方式的视角，对城市居民住房分层的现状进行了分析。而且我们运用内生性转换模型，对城市住房分层机制进行了分析，现将分析结果进行整理和归纳为以下几个结论：

1. 以住房产权的有无、住房产权的数量及来源为分层标准，将潜在类别分析模型估计的五大潜在类别进行分析，将城市居民分为五大阶层：多产权房阶层、继承性产权房阶层、商品性产权房阶层、福利性产权房阶层和无产权房阶层。其中，住房阶层地位最高的是多产权房阶层，其次为继承性产权房阶层、商品性产权房阶层和福利性产权房阶层，住房阶层地位最低的是无产权房阶层。研究发现，从总体上来看，城市居民社会经济地位越低，其住房阶层地位也越低。其中，技术工人和体力劳动者的住房阶层地位最低且低于平均水平，专业与科研人员的住房阶层地位均值最高，其次为个体工商户、中高级管理人员和一般管理人员、办事员及科员；住房五大阶层中住房阶层地位越高的城市居民其受教育的年限越长、教育程度也越高。多产权房阶层主要是高收入群体，他们不仅可以将住房作为家庭财产，而且还可以将住房当作投资品形成投资收益，资产增值效果显著。这样，多产权房阶层可以实现以房养房，以房养人，以房获利的目的，从而变为住房食利阶层；而无产权房阶层本来就是社会经济地位最低的群体，高额的房价使他们无法购买商品房，以住房作为起始点进行资产积累的生活机会几乎为零。"已有者将再得，没有者将不再有"，"马太效应"日趋显著。资产不平等对于底层群体的影响看来要远甚于收入不平等（迈尔克·谢若登，2005）。概而言之，社会阶层不同，住房阶层也不同，住房分层基本上与社会分层结构上是一致的，反映了目前阶层分化的基本态势。

2. 城市住房制度改革带来了两个根本性的变化：一是住房资源分配机制上的变化。由于市场机制和权力机制代表了资源配置的两种不同的制度逻辑，住房制度改革中引入市场机制改变了住房资源的分配机制和住房资源的获得路径。二是住房获得机会结构上的变化。住房体制改革的发展产生了新的机会：低价购买公房和市场购买商品房从而拥有住房产权。这两个根本性的变化对住房分层产生了重要的影响，首先是直接的因果效应：住房制度改革导致了城市居民获得住房的规则发生了变化，直接对城市居民住房分层产生影响；其次是新的住房分层秩序也可能来源于机会结构的变化以及对机会的把握程度。面对机会，城市居民自我选择购房还是不购房也影响到其在住房分层中的地位。

首先，城市住房制度改革导致不同时空下城市住房分层机制发生了变化。在住房制度改革前，国家权力机制是影响城市住房分层的主要机制。城市住房主要是通过国家进行再分配的。住房制度改革后，国家权力机制和市场机制对城市居民的住房分层均产生重要影响。而在那些能在住房改革过程中由于国家政策而获得廉价的优质房改房的城市居民，政治资本或人力资本较高，往往收入也较高，有能力在市场上购置第二套或更多的住房。也就是说，国家权力机制中获利的阶层，在市场机制中也能获利。这时，国家与市场对这部分居民的住房分层起着双向强化作用；而那些在住房改革过程中由于国家政策而未能获得住房的城市居民，政治资本或人力资本较低，单位效益差，很难提供住房福利；他们的收入也相对较低，通过市场途径满足自己住房需求的能力有限。也就是说，权力机制中被忽略、失利的阶层在市场机制中也会处于很不利的地位。这时，国家与市场对这部分居民的住房分层起着双向弱化作用。

这样，城市住房分层体现了"国家"和"市场"两种力量的联盟，国家权力机制与市场机制共同塑造了住房分层的局面。住房改革的受益者基本是那些有更高政治地位的人、有更好的社会经济条件的人，以及那些占有组织资源和权力的单位职工（Logan、Yanjie、Fuqin，1999）。可以说，在住房分层上呈现出双重分层体系，这是一种独特的"双重再生产模式（李路路，2002b）"：市场机制的发展在一定程度上改变了住房资源的分配方式，但国家主导的住房制度渐进式改革，并没有使权力机制发生根本性变化，原有的权力机制模式在住房制度转型过程中仍然被持续地延续下来，而市场化机制也同时并行地增长着。

其次，新的分层秩序也可能来源于机会结构的变化和城市居民对机会的把握程度，也就是说新的分层秩序也可能来源于城市居民的自我选择购房与不购房的结果。泽林尼和科斯泰罗（Szelenyi and Kostello，1996）曾经指出，市场改革产生了很多新的机会，而能够利用这些新的机会的人将成为赢家。在住房改革过程中，至少出现了两次大的机会结构的变化。第一次机会是公房私有化和商品房市场的兴起。1998年之前，体制内单位组织人力资本高或政治资本高的居民倾向于不购房，广州市政府为了鼓励干部职工早买房子，出台了穗府〔1989〕80号文件，为购房者提供优惠政策。如凡在本方案开始实施一年内购房的，可按扣除征地和拆迁补偿费后的房价予以优惠20%；根据购房者的工龄长短，每一年工龄优惠0.3%；产权单位按本方案向干部职工出售的住房，免缴建筑税、营业税；干部职工购买公有住房，免缴契税、房产税和土地使用税；监证费、工本费和手续费按规定费率减收50%；坚持最低限价原则。产权单位出售的住房，每平方米建筑面积标准售价都不应低于每平方米一百八十元的最低限价；实行一次付清房款和分期付款两种结算方式。一次付清的，产权单位可按折扣优惠以后的应收房款减收25%。分期付款的，首期付款额不得少于应收房款的20%，如超过20%的，每多付10%，减收3%（穗府，1989）。这对体制内单位组织普通居民来说，是一次很好的机会，能把握这次机会就可能获得住房，从而改变在住房分层中的地位。对于体制外单位组织的居民而言，商品房的兴起也是一次极好的机会。体制内单位组织的居民在这一时期，一般不会到商品房市场去购买住房，从而较少出现商品房供不应求的局面，商品房价格相对来说在这一时期能保持较低的水平，体制外单位组织居民能把握这次机会也会改变其在住房分层中的地位。第二次机会是1998年至2000年广州市换购、补购住房和差额货币补贴政策的实施。1998年住房货币化改革后，意味着居民不可能再从单位获得公房。因此，1998年之后人力资本或政治资本高的居民开始倾向于购房，1998年至2000年广州市换购、补购住房和差额货币补贴政策正好给这部分居民提供了极好的机会。能把握这次机会的居民则可能改变其在住房分层中的地位。由此可见，"谁赢谁输"这个问题是一个复杂的问题，它的答案在很大程度上既要视市场和国家之间不同的制度安排而定，也要看居民把握机会的能力。《南都周刊》的一则报道①，从另一视角说明，即使同在工薪阶层，收入、地位接近，由于居民买卖房子的机遇、运气、策略不同，居民把握机会能力的不同，也会导致范围更为普遍、影响更为深远的财富分化，形成不同的阶层。

我们利用内生性转换模型发现了住房分层机制中的自我选择性。这种自我选择本身是一个复杂的过程，购房与不购房，不仅与社会行动者所拥有的政治资本、人力资本、经济资本等有关，还受到当时的制度环境的影响。

（二）讨论：住房分层机制的新制度主义思考

中国正处于由再分配经济制度向市场经济制度的转型过程，而这两种制度蕴含着特定的阶层分化逻辑和过程，并表现出不同形式与不同效果的社会不平等。在国家社会主义里，社会不平等主要是由占统治地位的再分配制度造成的，在再分配占支配地位的社会中，不平等程度的降低只有依靠更多的市场机制；而在市场经济制度中，社会不平等主要是由占统治地位的市场经济制度产生的，在不平等是由市场造成的社会中，由国家进行的再分配会降低不平等的程度（Szelenyi, 1978）。市场转型论的学者们通过对苏东和中国市场转型过程进行的最初研究，基本都肯定市场转型具有一种"平等化效应"（Szelenyi, 1978; Nee, 1989; Nee, 1991）。然而，

---

① [2010—10—26《南都周刊》] 我（徐子东）有三个大学同学，真人真事，典型故事。十年前工资均3000—5000元，都住单位分房，用几万元买下（现在市价约几十万）。A买了100万的房子，升到300万时卖了，又借钱买了两套，过两年又卖，又买。总之现在自住出租共四五套，账面上至少有1500万（现为多产权房阶层［笔者按］）。B当年也买了100万的房，一直自住分期还钱，现在名义上房价也500万（现为商品性产权房阶层或福利性产权房阶层［笔者按］）。C当初也想买楼，几次没看中，转头又见涨价，心里不服，再观望，结果见到原先想买的100万房子，十年翻了几倍。只好望楼兴叹，仍住原单位房凑合（现为无产权房阶层［笔者按］）。于是，三个同学今天工资仍差不多，却分别属于城市中的既得利益者、小康之家和弱势群体三个阶层（徐子东，2010）。

随着市场化的发展,新的不平等出现了,且呈现出不断扩大的趋势。我们关于住房分层的研究也表明,住房贫富分化随着市场化发展而不断加剧,国家与市场对住房分层起了双向强化的作用。

孙立平认为,中国的改革是在政体连续性背景下的渐进式改革,再分配经济制度向市场经济制度的转型没有同时伴随政权的更替,政治资本的强势地位并没有受到削弱。这样,即使是在市场转型的过程中,甚至是在市场机制已经成为整个社会中占主导地位的经济整合机制的情况下,政治权力仍然继续保持着对其他类型资本的控制和操纵能力。通过政治权力的作用,整个社会中的资本在很大程度上是以一种高度不分化的总体性资本（total capital）的状态存在着,而不是以相对独立的资本的形态存在着（孙立平,2002）。波兰尼描述了干部在住房问题上如何将原先获得的住房据为己有,从而解释"将官僚特权向市场特权的转化（Szelény、Manchin,1987）"。在这种情况下,市场已经不再是再分配经济的补偿经济,它自身已经造成了不平等的根源（SZelény、Kostello,1996）。也就是说,市场经济制度的导入为原有的国家社会主义带来了新的不平等。在这样的制度背景下,住房分层不仅按照市场经济制度运行的逻辑,同时还延续了再分配经济制度下权力分化的逻辑。

新制度主义强调社会分层机制的差异是由于其背后的制度框架的变化,这种制度框架的变化形成了多样的利益和机遇结构,从而影响了这些结构中的人努力实现权力和资源最大化的选择。也就是说,新制度主义是一个以"约束性的选择"为核心的分析框架（Polanyi,1957;Polanyi,1965;Granovetter,1985;Brinton、Nee,1998）。按照新制度主义的分析逻辑,自我选择行为发生在制度环境中,要理解这一行为,必须考虑制度因素（Immergut,1998）。因为社会制度对社会行动者是重要的,它塑造激励结构（斯梅尔瑟、斯威德伯格,2008:61）,在塑造个人行为动机和偏好方面发挥着重要作用。

中国城市住房改革的现实目标是实现从福利分房制度向商品房制度的转变,这种制度环境的变化形成了不同的利益和机遇结构,影响了在这些结构中的人努力实现住房利益获得最大化的选择。我们利用内生性转换模型发现了住房分层机制中的自我选择性:1998年之前和体制内单位组织,能力强的社会行动者,不倾向于购房;1998年之后和体制外单位组织,能力强的社会行动者，倾向于购房。从新制度主义来理解，社会制度就是某种规则，界定、约束了社会行动者在追求自身效用最大化时采用的策略。制度是可以设计的，其结果主要取决于所设计制度内含的激励与约束。制度通过塑造社会行动者的行为影响政策结果，制度构成了社会行动者的"策略背景"。福利分房制度所塑造激励结构是社会行动者主要从国家体制内获得公房，在这种背景下社会行动者倾向于不购房，从长远看，可能在住房分层中处于不利地位；而在住房商品化制度下，它所塑造激励结构是社会行动者主要从公开市场获得商品房，在此背景下社会行动者倾向于购房，从而在住房分层中受益。

福利分房制度与商品房制度这两种不同制度的内生偏好致使社会行动者采取了不同的购房策略。同时，新制度主义还认为，社会行动者也塑造了制度，制度是基于社会行动者的需要才被创造出来的（薛晓源、陈家刚，2004）。在福利分房制度中，不购房者往往是权力精英和专业精英，他们是市场规则的制定者，也是市场的参与者（Walder，1995），他们所制定的游戏规则肯定是最有利于他们自己的。在住房货币化改革后，1999年广州市又出台"补购、换购"政策，就是典型的注解。通过这种制度创新使他们赶上了"末班车"，从而提高其住房收益水平。因此，可以说，社会行动者的自我选择购房与不购房是一种"约束性的选择（Brinton、Nee，1998；Granovetter，1985；Polanyi，1957、1965）"，在理解时不能脱离在其中建构了激励（incentives）的制度框架。

（三）研究的缺陷与不足

我们的研究是基于广州市千户问卷调查的基础上围绕"住房分层现状"与"住房分层机制"展开。尽管我们的调查与分析力图做到全面、深入，但由于受到个人理论水平及一些客观因素的限制，我们的研究仍然存在一些缺陷与不足。

第一，在入户调查过程中，我们力图严格进行随机抽样调查。但由于广州市居民对"陌生人"有很强的戒备心，入户面对面访谈收集资料过程中遇到了很多麻烦。其中最大的问题是拒访率较高，特别是进入高档住宅小区进行入户调查时的拒访率更高。尽管我们采取了许多措施弥补这一不足，如与调查公司进行合作，到样本小区聘请本地访谈员等，但访谈对象还是在一定程度上偏离了我们的样本框。即便如此，抽样调查的随机性并没有改变，因此这并不会影响我们的研究结论。

第二，我们调查得到的数据是截面数据，而我们要深入研究描述购房或者不购房这个选择过程的选择函数，需要包含行动者在不同社会情境下的购房行为和结果的动态（跟踪）数据。就目前而言，在面对截面数据造成的不足，我们采用了内生性转换模型进行弥补。

第三，本研究是一个地区性样本，所得出的结论在多大程度上能够推论到中国的其他大城市或大部分城市，恐怕超出了本研究的范围。而且，基于使城市社会住房分层的分析单纯化，减少分析的复杂性方面的考虑，我们的研究将农民工和那些来自于其他城市的流动性移民等排除在外，这对于分析上的完整性来说是一个很大的缺憾，因为流动人口对未来的住房分层结构的变迁将会产生很大影响。因此，我们认为，这应该是我们今后研究需要努力解决的重要问题之一。

第四，我们的研究主要关注住房分层的现状和住房分层的机制，对于住房分层的客观后果和主观效应问题并没有涉及，但我们认为，这应该成为今后研究的课题之一。在当前的中国社会，住房不仅是一个社会热点，而且还是一个民众心里最为敏感的区域。在房价飙涨的社会现实中，城市住房分层结构尤为明显，这种客观社会分层结构和社会中可见的主要社会行动模式之间的关系如何？住房阶层是否有阶层化趋势？住房阶层是否会产生阶层认同，从而形成阶级？住房分层是否会影响其对社会公平感的认知？等等，这些都是非常具有现实意义和理论价值的实证问题，有待将来进一步的深入研究。

（四）结　语

住房是人类生存和发展最基本、最必要的条件。住房状况是衡量一个国家或地区居民生活质量和幸福感的重要标志之一，也是现阶段全面建设小康社会和构建和谐社会的重要指标。住房问题是人民最关心最直接最现实的利益问题。有恒产者有恒心，安居才能乐业。一个拥有住房财产的阶层是一个最稳定的阶层，有利于整个社会的安定。没有什么东西比住房更能为谋求人们幸福和社会安定做出贡献（侯浙眠、应红等，1999）。

然而，中国城市住房体制改革已经使城市居民形成了基于住房财产的分层秩序，并在此基础上贫富分化日益加剧。住房改革并没有降低或弱化再分配体制下住房实物分配所造成的不均等，而是在新的市场经济体制下维续甚至是强化了这种不均等。住房制度改革对人们收益格局的这一影响使得原有的住房不均等在新的体制下呈现出累加性的效果，因此也造成了城市住房分层中的"马太效应"。在住房改革过程中获得廉价住房的居民，往往有能力在市场上购置第二套或更多的住房，成为多产权房阶层；而那些在住房改革过程未能获得住房的居民，往往通过市场获得住房的能力有限，最终可能成为无产权房阶层。中国城市住房改革使住房从再分配体制下的国家所有转变为市场经济体制下的居民所有，这不仅是住房属性的变化，而且意味着住房已转变成为市场经济体制下的一种私人资产。而资产是可以投资和积累，通过某种方式转化为收入，使得财富以复利的形式快速增长并积累。在当今房价飙升且投资渠道有限的背景下，住房成为一种人们普遍看好的投资品。于是，多产权房阶层出售、出租多余的房产，取得溢价收入，周而复始，财富越积越多，进而成为"食利者"。造成了"有钱的越来越有钱，没钱的越来越没钱"的累积效应，也就是说在处于优势地位的人的优势不断积累的同时，处于劣势地位的人的劣势也在不断积累。结果就是一方面，穷人与富人间的所得悬殊，贫富分化加剧；另一方面，也加速了住房向富人配置。

同时，中国的住房问题不仅仅是低收入者住房负担能力不足，无力满足其住房需求的经济问题，也不仅仅是一般意义上的民生问题，它更是一个与公民生存权、居住权和资产形成权密切相关的公民权利问题，是一个社会问题。邓小平曾指出："十二亿人怎样实现富裕，富裕起来以后财富怎样分配，这都是大问题。……我们讲要防止两极分化，实际上两极分化自然出现"。"少部分人获得那么多财富，大多数人没有，这样发展下去总有一天会出问题。"（穆之俐，2010）可见，住房问题还是一个政治问题，是一个影响社会和谐的重大问题。我们的研究探讨了住房分层的两个重要问题：住房分层现状（怎么样？）和住房分层机制（为什么？）。但我们仍无法回避的一个重要问题是如何缩小住房分层的贫富差距（怎么办？）。因此，在文章结束之前，笔者觉得还有必要对这一问题谈谈自己一些粗浅的建议与对策。

　　住房贫富分化的调控需要"两手"并举：一只是"看不见的手"，即不受外力干扰的价格机制或市场机制（亚当·斯密，2008）；另一只是"看得见的手"即政府干预、宏观管理或计划管理（Berliner，1957）。单凭一只手的力量是无济于事的。住房改革前，中国的住房资源仅由政府计划这只"看得见的手"调配，产生了严重的住房危机；住房改革后，市场这只"看不见的手"开始在住房领域大施所长，政府计划这只"看得见的手"慢慢退出了住房分配领域，其主要工作是推动房地产市场的繁荣和发展，而调节住房贫富分化的职能被政府有意无意地忽视了。这导致商品房价格高涨和住房贫富分化成为目前社会最为严重的社会问题之一。因此，住房贫富分化的调控需要两手都要硬。目前，迫切需要加强政府对住房贫富分化的调控力度。

1. 政府应采取有效措施平抑城市房价

　　城市房价飙升已成为当今社会的热点问题。2010年，全国城镇居民的房价收入比是8.76，比2009年的8.3上升了0.46。普通城镇居民三口之家8.76年不吃不喝能买一套房，其中85%家庭无能力购房（中国社科院，2010）。高昂的房价不仅榨取了城市居民的全部积蓄，而且还将未来的收入通过贷款的形式提前透支，真可谓"一套房子消灭一个中产阶级"（李开发，2009；中国新闻网，2009）。而房价越暴涨，多产权房阶层就越是暴富，无产权房阶层就越有被淘汰出局的危险。为此，政府也出台一系列政策，抑制房价过快上涨，防范金融风险。如房价过高地区可暂停发放购买第三套及以上住房贷款、加强对房地产开发企业购地和融资的监管、加快发展公共租赁住房，中央以适当方式给予资金支持、二套房首付款不得低于50%、要求78家不以房地产为主业的央企退出房地产业、推出限购令政策，等等。问题的关键是，政府应出台有效措施长期有效地稳定住房合理价格，健全房地产市场调控的长效机制，而不至于出现"政府越调控，房价越强势反弹"的尴尬局面。为此，2011年政府工作报告中强调指出，政府要进一步落实和完善房地产市场调控政策，坚决遏制部分城市房价过快上涨势头。制订并向社会公布年度住房建设计划，在新增建设用地计划中，单列保障性住房用地，做到应保尽保。重点增加中小套型普通商品住房建设。规范发展住房租赁市场。严格落实差别化住房信贷、税收政策，调整完善房地产相关税收政策，加强税收征管，有效遏制投机投资性购房。加强房地产市场监测和市场行为监管，严厉查处各类违法违规行为（温家宝，2011）。

2. 政府应切实完善住房保障体系

正义是社会制度的首要价值。所有的社会改革都必须使社会中最不幸的人受益，否则该制度就是不正义的（罗尔斯，1988）。住房保障制度是政府利用国家和社会力量为解决居民住房问题而实行的基本方针政策。保障性住房除了具有满足居住需求的属性外，还具备维护社会公平与正义、解决民生、保障民权以及体现社会进步、实现社会和谐等社会性职能。住房保障的目标是保障"人人住有所居"的实现。因此，住房保障的出发点在于保障公民的基本居住权利，重点是解决低收入家庭和特殊家庭的居住问题。政府应针对不同层次的保障对象分别采用廉租房、公共租赁房、经济适用房、两限房、配租和配售补贴以及住房公积金财税支持等多层次的保障方式，来确保人民的居住权得以实现。政府应该优先发展租赁式的住房保障，以建设廉租房和公共租赁房为主。廉租房应主要为农民工、城市低收入家庭、新入职人群和夹心层等提供住房保障，以维护其居住权。如果廉租房等福利租房的租金仍给低收入人群造成过大经济压力，租金仍然超出其家庭收入的一定比例的，超出部分政府应提供住房租赁补贴。为此，2011年政府工作报告中强调，政府要进一步扩大保障性住房建设规模。今年（2011年）要再开工建设保障性住房、棚户区改造住房共1000万套，改造农村危房150万户。重点发展公共租赁住房。中央财政预算拟安排补助资金1030亿元，比上年增加265亿元。各级政府要多渠道筹集资金，大幅度增加投入。抓紧建立保障性住房使用、运营、退出等管理制度，提高透明度，加强社会监督，保证符合条件的家庭受益（温家宝，2011）。

3. 政府应合理开征房产税

"人多地少"的基本国情，注定了我国的住房需求是十分庞大的，"供不应求"将是我国住房市场的一个长期现象，这就必然要求我国必须长期坚决遏制投机性需求，回归住房的消费品属性。为此，政府可以合理开征房产税。尽管房产税并不能改变土地资源制约下的房价上扬的长期趋势，但是有了这个保有环节的税收，将会使我国的商品房需求的总规模较少出现泡沫，有效降低商品房的空置率，提高资源配置效率和土地利用效率，将使总体的房价表现更加沉稳，从而能有效减少房价大起大落所带来的负面效应和对社会生活的冲击，促进城市化过程中住房需求、购买意愿和房价形成更加理性化。需要强调的是，政府开征房产税应遵循的主要原则：一是不增加中低收入群体的经济负担；二是"还税于民"，政府征收的房产税应主要用来保障中低收入群体的住房权利。

总而言之，政府要坚定不移地搞好房地产市场调控。加快健全房地产市场调控的长效机制，重点解决城镇中低收入家庭住房困难，切实稳定房地产市场价格，满足居民合理住房需求。温家宝强调指出，政府要建立健全考核问责机制。稳定房价和住房保障工作实行省级人民政府负总责，市县人民政府负直接责任。有关部门要加快完善巡查、考评、约谈和问责制度，对稳定房价、推进保障性住房建设工作不力，从而影响社会发展和稳定的地方，要追究责任（温家宝，2011）。

在城市空间有限、住房资源短缺的情况下，住房资源的分配必然会导致很多社会冲突与不公正问题。然而，只要政府"心系于民，造福于民"，以人民群众利益为重、以人民群众期盼为念，着力解决好人民最关心最直接最现实的利益问题（中国网，2011），责无旁贷地承担起建立住房保障体系的工作，充分发挥其宏观调控功能，就能撑起万千普通百姓对公平、美好社会的信念，就能为整个社会的万千百姓搭建起一个温暖而美好的家园。"安得广厦千万间，大庇天下寒士俱欢颜"，只有这样社会才会更加和谐，人民才会更加幸福。

参考文献

一 外文文献

Berliner, J. S. 1957. Factory and Manager in the USSR. Boston: Harvard University Press.

Bian, Y. A. J. L. 1996. "Market Transition and the Persistence of Power: The Changing Stratification System in Urban China", American Sociological Review, Voume (61).

Bian, Y. L. J. R. 1996. Work Units and Commodification of Housing, Sociological Research, Voume (1): 28—35.

Bian, Y. 1994. Work and Inequality in Urban China. Albany: State University of New York Press.

Blau, P. M. and Duncan, O. D. 1967. The American Occupational Structure. New York: Free Press.

Bourdieu, P. 1984. Distinction: A Social Critique of the Judgement of Taste. Cambridge: Harvard University Press.

Brinton, M. C. and Nee, V. 1998. The New Institutionalism in Sociology. New York: Russel Sage Foundation.

Cao, Y. and Nee, V. 2000. Comment: Controversies and Evidence in the Market Transition Debate, American Journal of Sociology, Voume (105).

Castells, M. 1978. city, Class and Power: Mecmillan.

Fu, Y., Tse, D. K. and Zhou, N. 2000. Housing Choice Behavior of Urban Workers in China's Transition to a Housing Market, 2000, 47, Journal of Urban Economics, Voume (47): 61—87.

Giddens, A. 1973. The Class Structure of the Advanced Societies. New

York: Harper Torchbook.

Goldthorpe, J. H. 1987. Social Mobility and Class Structure in Modern Britain, 2nd ed. Oxford: Clarendon Press.

Granovetter, M. 1985. Economic Action and Social Structure: The Problem of Embeddedness, American Journal of Sociology, Voume (91).

Grusky, D. B. 2001. Social Stratification: Class, Race, and Gender in Sociological Perspective: Boulder CO: Westview Press.

Gu, C. L. and F, J. S. 2003. Transformation of Urban Social - spatial Structure in Socialist Market Economies: The case of Beijing, Habitat International, Voume (27): 107—122.

Gu, L. C. and H, Y. L. 2001. Social Polarization and Segregation in Beijing. J R Logan The New Chinese City: Globalization and market reform.

Hanson, S. A. P. G. 1995. Gender, Work, and Space. New York: Routledge.

Huang, Y. 2001. Housing Choices in Transitional Urban China, Geography. L. A, UCLA. Phd, Voume: 161.

Immergut, E. M. 1998. The Theoretical Core of the New Institutionalism, Politics & Society, Stoneham.

John R, L. , Yanjie, B. and Fuqin, B. 1999. Housing Inequalities in Urban China in the 1990s, International Journal of Urban and Regional Research, Voume (23): 7—25.

Lee, J. 2000. From Welfare Housing to Home Ownership: The Dilemma of China's Housing Reform, Housing Studies, Voume (1): 61—76.

Lenski, G. 1966. Power and Privilege. New York: MaGraw - Hill.

Li, S. 2000. The housing market and tenure decisions in Chinese cities: a mulitivariarate analysis of the case of Guangzhou, Housing Studies, Voume (2): 213—236.

Lin, N. 1995. Local Market Socialism: Local Corporatism in Rural China, Theory and Society, Voume (24).

Logan, J. R. and Bian, Y. 1999. Housing Inequality in Urban China in the 1990s, International Journal of Urban and Regional Research, Voume (1):

7—25.

Maddala, G. S. 1986. "Disequilibrium, Self-selection, and Switching Models." In Griliches, Z. & M. D. Intriligator (eds.), Handbook of Econometrics, Vol Ⅲ. Amsterdam: Elsevier Science Publishers.

Nee, V. 1989. A Theory of Market Transition: From Redistribution to Markets in State Socialism, American Sociological Review, Voume (54).

Nee, V. 1991. Social Inequalities in Reforming State Socialism: Between Redistribution and Market, American Sociological Review, Voume: 267.

Nee, V. 1996. The Emergence of a Market Society: Changing Mechanisms of Stratification in China, American Journal of Sociology, Voume (101).

Parish, W. L. A. E. 1996. Politics and Markets: Dual Transformations, American Journal of Sociology, Voume (101): 1045.

Parkin, F. 1971. Class Inequality and Political Order: Social Stratification in Capitalist and Communist Societies. New York: Harcout, Brace.

Parkin, F. 1979. Marxism and Class Theory. London: Tavistock.

Piore, M. 1975. "Notes for a Theory of Labor Market Stratification" in R. Edwards, D. Gordon and H. Reich (eds), Labor Market Segmentation. Lexington: Health.

Polanyi, K. 1944. The Great Transformation. Boston: Beacon Press.

Polanyi, K. 1957. The Great Transformation. Boston: Beacon Press.

Polanyi, K. 1965. "The Economy As Instituted Process" in Trade and Market in the Early Empires: Economies in History and Theory, (eds.) by K. Polanyi, C. M. Arensberg & H. W. Pearson. New York: The Free Press.

Poulantzas, N. 1982. "On Social Class" in A. Giddens and D. Held (eds), Classes, Power and Conflict. Berkeley: University of California Press.

Pudney, S. and Wang, L. 1995. Housing reform in urban China: Efficiency, distribution and the implications for social security, Economica, Voume (62): 141—159.

Rex, J. R. M. 1967. Race, community and Conflict. London: Oxford University Press.

Saunders, P. 1978. Domestic property and social class, International Journal of Urban and Regional Research, Voume (2): 233—251.

Saunders, P. 1984. Beyond Housing Classes: The Sociological Significance of Private Property Rights in Means of Consumption, International Journal of Urban and Regional Research, Voume (2): 202—227.

Szelény, I. I. 1983. Urban Inequalities under State Socialism. Oxford: Oxford University Press.

SZelény, I. I. and Kostello, E. 1996. The Market Transition Debate: Toward a Synethesis, American Journal of Sociology, Voume: 1082—1096.

Szelény, I. I. and Manchin, R. 1987. Social policy under state socialism: market redistribution, and social inequalities in East European socialist societies. Stagnation and renewal in social policy, M. R. G. Esping - Andersen, and L. Rainwater (eds.): New York M. E. Sharpe.

Szelenyi, S. I. 1978. Social Inequalities in State Socialist Redistributive Economies, International Journal of Comparative Sociology, Voume: 63—87.

Thorns, D. C. 1981. Owner - Occupation: Its Significance for Wealth Transfer and Class Formation, Sociological Review, Voume (4): 705—728.

Walder, A. G. 1986. Communist Neo - Traditionalism: Work and Authority in Chinese Industry. Berkeley: University of California Press.

Walder, A. G. 1992. "Property Rights and Stratification in Socialist Redistributive Economies", American Sociological Review, Voume (57).

Walder, A. G. 1995. Local Governments as Industrial Firms: An Organizational Analysis of China's Transitional Economy, American Journal of Sociology, Voume (101).

Walder, A. 1996. Markets and Inequality in Transitional Economies: Toward Testable Theories, American Journal of Sociology, Voume: 1060—1073.

Wang, Y. P. A. A. 2000. Social and Spatial Implications of Housing Reform in China, International Journal of Urban and Regional Research, Voume (2): 397—417.

Weber, M. 1968. Economic and Society. (ed) by Guenther Roth and Claus Wittich. Berkley: University of California Press.

Weber, M. 1982. "Selections" in A. Giddens and D. Held (eds), Classes, Power and Conflict. Berkeley: University of California Press.

Williams, P. 1986. Gentrification of the City. London, Allen & Unwin.

Ball, M. 1983. Housing Policy and Economic Power: The Political Economy of Owner Occupation. London: Methuen.

Wright, E. A. B. M. 1987. The Transformation of the American Class Structure, American Journal of Sociology, Voume (1).

Wright, E. O. 1979. Class Structure and Income Determination. New York: Academic Press.

Wright, E. O. 1985. Classes. London: Verso.

Wright, E. 1978. Class, Crisis and the State. London: New Left.

Wu, F. L. and Z G, L. 2005. Sociospatial Differentiation: Processes and spaces in subdistricts of Shanghai, Urban Geography, Voume (2): 137—166.

Zhang, X. Q. 2000. The restructuring of the housing finance system in urban China, Cities, Voume (5): 339—348.

Zhang, X. 2002. Governing housing in the China: state market and units, Journal of Housing and the Built environment, Voume (17): 7—20.

Zhou, M. and Logan, J. R. 1996. Market Transition and the Commodification of Housing in Urban, International Journal of Urban and Regional Research, Voume (3): 400—421.

Zhu, J. 2000. The Changing Mode of Housing Provision in Transitional China, Urban Afaires Review, Voume (4): 502—505.

二　中文文献

毕建国、林成策：《分配不均——城市住房紧张的重要原因》，《社会》1988年第12期。

边燕杰、刘勇利：《社会分层、住房产权与居住质量——对中国"五普"数据的分析》，《社会学研究》2005年第3期。

边燕杰、约翰·罗根、卢汉龙、潘允康、关颖：《"单位制"与住房商品化》，《社会学研究》1996年第1期。

边燕杰、卢汉龙、孙立平：《市场转型与社会分层——美国社会学者分析中国》，生活·读书·新知三联书店2002年版。

边燕杰、吴晓刚、李路路：《社会分层与流动——国外学者对中国研究的新进展》，中国人民大学出版社2008年版。

让·波德里亚：《消费社会》，刘成富、全志钢译，南京大学出版社2000年版。

布西亚：《物体系》，林志明译，上海人民出版社2001年版。

蔡禾：《城市社会学》，中山大学出版社2003年版。

陈高潮、张雯蕊：《浅谈住房制度改革》，《安徽农业大学学报》（社会科学版）1994年第1期。

陈杰：《中国住房公积金的制度困境与改革出路分析》，《公共行政评论》2010年第3期，第107页。

陈那波：《海外关于中国市场转型论争十五年文献述评》，《社会学研究》2006年第5期，第196页。

陈向明：《质的研究方法与社会科学研究》，教育科学出版社2003年版。

陈婴婴：《职业结构与流动》，东方出版社1995年版。

陈钊、陈杰、刘晓峰：《安得广厦千万间：中国城镇住房体制市场化改革的回顾与展望》，《世界经济文汇》2008年第1期。

陈志柔：《市场过渡或权力转换：中国大陆城市居民的财富分配与地区差异》，载于《市场、阶级与政治：变迁中的华人社会》，刘兆佳等，香港中文大学香港亚太研究所2000年版。

戴慧思、卢汉龙：《中国城市的消费革命》，上海社会科学出版社2003年版。

戴建中：《中国现代化过程中的代际流动（1989—1993）》，中国社会学年鉴1994年版。

东方网：《上海房管副局长案调查：多名官员涉低价购房》2010年10月19日，http://news.qq.com/a/20101019/000229.htm。

段若鹏等：《中国现代化进程中的阶层结构变动研究》，人民出版社2002年版。

法治周末：《山东日照官员称为公务员建低价房落后其他城市》2010

年5月26日，http：//news.qq.com/a/20100526/000100.htm。

凡勃伦：《有闲阶级论》，蔡受百译，商务印书馆1964年版。

高永平：《中国传统财产继承背后的文化逻辑——家系主义》，《社会学研究》2006年第3期。

戴维·格伦斯基：《社会分层》（第二版），华夏出版社2005年版。

辜胜阻、李正友：《住房双轨制改革与住宅市场启动》，《社会学研究》1998年第6期。

顾朝林：《城市社会学》，东南大学出版社2002年版。

顾杰善、刘纪兴、刘世奎、许德琦主编：《当代中国社会利益群体分析》，黑龙江教育出版社1995年版。

顾云昌：《在改革中发展的我国城镇住房》，《社会学研究》1990年第4期。

广东省人民政府：《广东省人民政府颁发〈关于省政府直属机关房屋管理的暂行办法〉的通知》，粤府〔1983〕68号，1983年。

广东省人民政府：《广东省人民政府印发广东省贯彻国务院关于深化城镇住房制度改革的决定实施意见的通知》，粤府〔1995〕44号，1995年。

广东省住房制度改革领导小组办公室编：《住房制度改革政策法规汇编》，1991年。

郝大海：《市场转型中社会分层变化的理论分析》，《中国人民大学学报》1999年第2期。

浩春杏：《城市住房梯度消费：以中国南京为个案的社会学研究》，南京大学出版社2007年版。

侯浙眠、应红等：《为有广厦千万间——中国城镇住房制度的重大突破》，广西师范大学出版社1999年版。

胡蓉：《中国城镇社会住房资源阶层分化研究》，中山大学博士论文，2010年。

黄靖、王先文：《东莞小城镇外来人口居住空间隔离与整合问题研究》，城乡规划，园标建筑及绿化，2002年。

黄怡：《城市社会分层与居住隔离》，同济大学出版社2006年版。

《经济参考报》：《山东日照黄金地段建3500套官宅　别墅专供市领

导》2010年5月19日，http：//news.qq.com/a/20100519/000394.htm。

科尔曼：《社会理论的基础》，邓方译，社会科学文献出版社1990年版。

李斌：《社会排斥理论与中国城市住房改革制度》，《社会学研究》2002年第3期。

李斌：《中国住房改革制度的分割性》，《社会学研究》2002年第2期。

李斌：《城市单位职工位置能力与获取住房利益关系的实证研究》，《中南大学学报》2004年第2期。

李斌：《住房利益分化与社会分层机制变迁》，中南大学出版社2004年版。

李斌：《城市住房价值结构化：人口迁移的一种筛选机制》，《中国人口科学》2008年第4期。

李斌：《分化的住房政策：一项对住房改革的评估性研究》，社会科学文献出版社2009年版。

李斌、王晓京：《城市农民工的住房》，《石家庄学院学报》2006年第5期。

李斌、王凯：《中国社会分层研究的新视角——城市住房权利的转移》，《探索与争鸣》2010年第4期。

李程骅：《公共空间与私有空间：城市住宅空间的社会学思考》，《江海学刊》2003年第1期。

李春玲：《当代中国社会阶层的经济划分》，《江苏社会科学》2002年第4期。

李春玲：《当代中国社会的声望分层》，《社会学研究》2005年第2期。

李春玲：《断裂与碎片——当代中国社会阶层分化实证分析》，社会科学文献出版社2005年版。

李开发：《一套房要消灭一户中产阶级现象应当改变》2009年，http：//zzhz.zjol.com.cn/05zzhz/system/2009/02/11/015248310.shtml。

李路路：《制度转型与分层结构的变迁》，《中国社会科学》2002年第6期。

李路路:《再生产的延续——制度转型与城市社会分层结构》,中国人民大学出版社 2003 年版。

李路路:《制度转型与阶层化机制的变迁——从"间接再生产"到"间接与直接再生产"并存》,《社会学研究》2003 年第 5 期。

李路路、边燕杰:《制度转型与社会分层——基于 2003 年全国综合社会调查》,中国人民大学出版社 2008 年版。

李路路、刘精明:《阶层化:居住空间、生活方式、社会交往与阶层认同——我国城镇社会阶层化问题的实证研究》,《社会学研究》2005 年第 3 期。

李培林、李强、孙立平:《中国社会分层》,社会科学文献出版社 2004 年版。

李培林、张翼:《消费分层:启动经济的一个重要视点》,《中国社会科学》2000 年第 1 期。

李强:《当代中国社会分层与流动》,中国经济出版社 1993 年版。

李强:《社会分层与贫富差别》,鹭江出版社 2000 年版。

李强:《中国社会分层结构的新变化》,社会科学文献出版社 2004 年版。

李强:《转型时期城市"住房地位群体"》,《江苏社会科学》2009 年第 4 期。

李强、王美琴:《住房体制改革与基于财产的社会分层秩序之建立》,《学术界》2009 年第 4 期。

李慎明等:《当前我国的社会阶级阶层结构》,载《"三个代表"重要思想与若干重大理论问题研究》,社会科学文献出版社 2002 年版。

李慎明等:《当前我国的社会阶级阶层结构》,社会科学文献出版社 2002b 年版。

李喜梅:《从社会分层看住房差异——对湖北省"五普"资料的分析》,《社会》2003 年第 7 期。

李志刚:《中国城市的居住分异》,《国际城市规划》2008 年第 4 期。

梁玉成:《社会资本和社会网无用吗》,《社会学研究》2010 年第 5 期。

刘精明:《市场化与国家规制——转型期城镇劳动力市场中的收入分

配》，《中国社会科学》2006年第5期。

刘精明、李路路：《阶层化：居住空间、生活方式、社会交往与阶层认同——我国城镇社会阶层化问题的实证研究》，《社会学研究》2005年第3期。

刘望保、翁计传：《住房制度改革对中国城市居住分异的影响》，《人文地理》2007年第1期。

刘欣：《中国城市的住房不平等 复旦社会学论坛》（第一辑），上海三联书店2005年版。

刘欣：《当前中国社会阶层分化的多元动力基础——一种权力衍生论的解释》，《中国社会科学》2005b年第4期。

刘欣：《当前中国社会阶层分化的制度基础》，《社会学研究》2005c年第5期。

刘玉照、张敦福、李友梅：《社会转型与结构变迁》，上海人民出版社2007年版。

刘祖云、胡蓉：《住房阶层分化研究——基于CGSS2006调查数据的分析》，《社会》2010年第4期。

刘祖云、戴洁：《生活资源与社会分层——一项对中国中部城市的社会分层研究》，《江苏社会科学》2005年第1期。

陆学艺：《社会学要重视当今农民问题》，《社会学研究》1989年第5期。

陆学艺：《当代中国社会阶层报告》，社会科学文献出版社2002年版。

陆学艺：《当代中国居民消费分化的社会学分析》，社会科学文献出版社2002年版。

格伦斯基：《权力与特权：社会分层的理论》，浙江人民出版社1988年版。

罗尔斯：《正义论》，何怀宏译，中国社会科学出版社1988年版。

罗纳塔斯：《昔日风云人物还是今日弄潮儿吗?》，《国外社会学》1996年第5—6期。

马伯钧：《论加快住房分配体制市场化改革》，《湖南师范大学社会科学学报》1995年第4期。

马尔科姆·沃特斯：《现代社会学理论》，华夏出版社 2000 年版。

马克思：《资本论》（第三卷），"阶级"部分，人民出版社 2001 年版。

马克思、恩格斯：《共产党宣言》，见《马克思恩格斯选集》（第一卷），中共中央马恩列斯著作编译局编，人民出版社 1995 年版。

马克思、恩格斯：《马克思恩格斯全集》（第 18 卷），人民出版社 1964 年版。

马克思、恩格斯：《马克思恩格斯全集》（第 6 卷），人民出版社 1972 年版。

马特拉斯：《社会不平等、社会阶层化与社会流》，李明译，桂冠图书股份有限公司 1990 年版。

迈尔克·谢若登：《资产与穷人——一项新的美国福利政策》，商务印书馆 2005 年版。

穆之例：《住房配置贫富差距透视》，《上海房地》2010 年第 10 期，第 13 页。

庞树奇、仇立平：《我国社会现阶段阶级阶层研究初探》，《社会学研究》1989 年第 3 期。

齐美尔：《时尚的哲学》，费勇等译，文化艺术出版社 2001 年版。

齐美尔：《货币哲学》，陈戎女、耿开君、文聘元译，华夏出版社 2002 年版。

钱志鸿、黄大志：《城市贫困、社会排斥和社会极化——当代西方城市贫困研究综述》，《国外社会科学》2004 年第 1 期。

邱皓政：《潜在类别模型的原理与技术》，教育科学出版社 2008 年版。

任志强：《中国住房分为穷人区与富人区很正常》2006 年 2 月 20 日。

萨林斯：《文化与实践理性》，赵丙祥译，张宏明校，上海人民出版社 2002 年版。

桑巴特：《奢侈与资本主义》，王燕平、侯小河译，上海人民出版社 2000 年版。

深圳《南方都市报》：《广州十年房价：一根与经济大发展平行跃升的阳线》2010 年 10 月 29 日，http：//gz.house.163.com/10/1029/08/6K5

BSJV900873C6D. html。

世界银行：《知识与发展：1999/2000 年世界银行发展报告》，中国财政经济出版社 1999 年版。

斯梅尔瑟、斯威德伯格：《经济社会学手册》，罗教讲、张永宏等译，华夏出版社 2008 年版。

穗府：《广州市住房制度改革实施方案》（穗府〔1989〕80 号 1989 年 8 月 16 日）附件一：广州市出售公有住房办法，1989 年。

孙立平：《两极分化：权力与市场的双动力》2001 年，http：//www.lw23.com/paper_ 74285071/。

孙立平：《实践社会学与市场转型过程分析》，《中国社会科学》2002 年第 5 期，第 84—85 页。

孙立平：《断裂：20 世纪 90 年代以来的中国社会》，社会科学文献出版社 2003 年版。

孙立平：《社会转型：发展社会学的新议题》，《社会学研究》2005 年第 1 期。

孙立平：《权力和市场的"非法婚姻"》，《中国改革》2006 年第 4 期，第 76 页。

孙立平等：《改革以来中国社会结构的变迁》，《中国社会科学》1994 年第 2 期。

孙逊：《住房制度改革问题种种》，《社会》1987 年第 1 期。

田秋生、牛景海：《中国城镇住房市场低迷的原因及对策分析》，《兰州大学学报》（社会科学版）1998 年第 4 期。

王海涛、任强、蒋耒文：《中国四大城市住房市场化程度及其社会人口学因素分析——以北京、上海、广州和重庆为例》，《市场与人口分析》2004 年第 2 期。

王宁：《住房竞争与社会不平等》，《中国房地产评论》2006 年第 5 期，第 42 页。

王宁、张杨波：《住房获得与融资方式》，《广东社会科学》2008 年第 1 期。

魏立华、李志刚：《中国城市低收入阶层的住房困境及其改善模式》，《城市规划学刊》2006 年第 2 期。

温家宝：《政府工作报告》2011年3月5日，http://www.news.cn/politics/2011lh/zhibo/20110305.htm。

吴启焰、张京祥、朱喜钢、徐逸伦：《现代中国城市居住空间分异机制的理论研究》，《人文地理》2002年第3期，第26—30页。

吴维平，王汉生：《寄居大都市：京沪两地流动人口住房现状分析》，《社会学研究》2002年第3期。

武中哲：《制度变迁的交互作用及其分层效应——基于单位制度和住房制度改革的分析》，《社会科学》2010年第1期。

夏建中：《新城市社会学的主要理论》，《社会学研究》1998年第4期。

谢立中：《多元话语分析：以社会分层研究为例》，《社会学研究》2008年第1期。

谢宇：《社会学方法与定量研究》，社会科学文献出版社2006年版。

徐菊芬、张京祥：《中国城市居住分异的制度成因及其调控——基于住房供给的视角》，《城市问题》2007年第4期。

徐晓军：《社区的阶层化及其机遇与挑战》，《北京社会科学》2000a年第3期。

徐晓军：《论我国社区的阶层化趋势》，《社会科学》2000b年第2期。

徐晓军：《住宅小区的阶层化：机遇与挑战》，《城市问题》2001年第5期。

徐晓军：《转型期中国社会分配方式的变迁与阶层分化》，《河南社会科学》2004年第2期。

徐晓军：《社区阶层化：现实抑或可能》，《社会科学研究》2006年第4期。

徐晓军：《城市贫富分区与社区的阶层化》，《华中师范大学学报》（人文社会科学版）2008年第1期。

徐子东：《房价问题与中国社会各阶级分析》2010年10月26日。

许秉翔：《住宅代际转移对社会阶层认知的影响》，《住宅学报》2002年第1期。

薛晓源、陈家刚：《全球化与新制度主义》，社会科学文献出版社

2004 年版。

亚当·斯密：《国民财富的性质和原因的研究》，商务印书馆 2008 年版。

阎志明：《中国现阶段阶级阶层研究》，中共中央党校出版社 2002 年版。

杨继绳：《中国社会各阶层分析报告》，新疆人民出版社 2000 年版。

杨上广：《中国大城市社会空间演化》，华东理工大学出版社 2006 年版。

杨上广、王春兰：《上海城市居住空间分异社会学研究》，《社会》2006 年第 6 期。

尹伯成、史庆文：《略论住房由实物分配向货币化方配的转变》，《复旦学报》（社会科学版）1998 年第 4 期。

宇宙：《城镇住房市场的分化和变动——20 世纪 90 年代住房消费提升的主要因素》，《中国人口科学》2006 年第 5 期。

曾毅、郭志刚：《家庭人口学：模型及应用》，北京大学出版社 1994 年版。

张俊浦：《兰州市城市青年职工住房分层状况研究》，《中国青年研究》2009 年第 7 期。

张曙光：《住房需求各阶层的分析》2010 年，http：//blog. caijing. com. cn/expert_ article—151282—6479. shtml。

张文宏：《中国城市的阶层结构与社会网络》，上海人民出版社 2006 年版。

张雪筠：《住房商品化与中国城市阶层空间分布的重构》，《理论与现代化》2005 年第 2 期。

张杨波：《城市"消费品"与住房不平等》，《中国房地产评论》2006 年第 5 期。

张杨波：《对社会分层研究预设的反思——以分类作为切入点的方法论思考》，《人文杂志》2007 年第 6 期。

赵呈戏：《消费阶层和住房》，《社会》2001 年第 10 期。

赵人伟、李卡：《中国居民收入分配再研究：经济改革和发展中的收入分配》，中国财政经济出版社 1999 年版。

郑杭生：《当代中国城市社会结构现状与趋势》，中国人民大学出版社 2004 年版。

郑辉、李路路：《中国城市的精英代际转换与阶层再生产》，《社会学研究》2009 年第 6 期。

中国青年报：《官员住豪宅街，老百姓住哪？》2010 年 4 月 20 日，http：//news. xinhuanet. com/comments/2010—04/20/c_ 1243795. htm。

中国社科院：《社科院 2011 年经济蓝皮书：85% 家庭无能力购房》2010 年 12 月 7 日，东方网. http：//news. qq. com/a/20101207/001626. htm？qq = 0&ADUIN = 913482040&ADSESSION = 1291702792&ADTAG = CLIENT. QQ. 3073_ .0。

中国网：《胡锦涛在省部级领导干部专题研讨班开班式上讲话》2011 年 2 月 20 日，http：//www. china. com. cn/policy/txt/2011—02/20/content_ 21958772. htm。

中国新闻网：《清华大学教授秦晖建议深圳率先兴建贫民区》2008 年 4 月 14 日，http：//news. sina. com. cn/c/2008—04—14/021815348150. shtml。

中国新闻网：《北京众楼盘涨幅超 50%　1 套房榨干 1 个中产阶级》2009 年，http：//news. qq. com/a/20091116/002085. htm。

周运清、张蕾：《社会分层视野下的城市住房分化与影响因素研究》，《中国房地产评论》2006 年第 5 期。

朱光磊等：《当代中国社会各阶层分析》，天津人民出版社 1998 年版。

朱亚鹏：《住房制度改革政策创新与住房公平》，中山大学出版社 2007 年版。

附录 I　广州市城市住房状况调查问卷

问卷编号：□□□□

保密：根据《统计法》第三章第十四条，本资料"属于私人、家庭的单项调查资料，非经本人同意，不得泄露"。

广州市城市居民住房状况调查问卷

先生/女士：

您好！

我是中山大学国家社科基金重点项目课题组调查员，现正在进行一项关于广州市居民住房状况的调查，目的是为学术研究和相关决策提供科学依据。经过严格的科学抽样，我们选中了您作为调查对象，如果因此对您的生活和工作造成不便，我们深表歉意，请您理解和帮助我们工作。问卷中问题的回答，没有对错之分，您只要根据实际情况和真实想法回答就行。对于您的回答，我们将按照《统计法》的规定，严格保密，并且只用于统计分析，请您不要有任何顾虑。希望您协助我们完成这次访问，谢谢您的合作。

调查访问日期：2010 年_____月_____日

访问时间：_____时____分至____时____分

调查员：_____（签名）

审核员：_____（签名）

录入员：_____（签名）

附录 I　广州市城市住房状况调查问卷

住户地址：广州市_____区_____街道_____居委会
　　　　　_____住宅小区____栋_____室（整栋楼共_____层）
被访者姓名：_____　被访者电话：_____

问卷甄别

1. 您的户口状况是：
   A. 非广州户口（终止访谈）　　B. 广州（城市）户口
2. 请问目前您家里一共住了多少人？_____人

家庭现住人口登记					
人数	与答话人的关系	性别	年龄	是否为家庭经济主要来源者	访谈对象
1	答话人				
2					
3					
4					
5					
6					
7					
8					

注：选择家庭中经济主要来源者之一作为访谈对象，如果被访者不在家，则需要预约合适的时间再来这家访问。

A. 个人基本情况

A1. 您的性别：1. 男　　2. 女

A2. 您是哪一年出生的？_____年

A3. 您目前的婚姻状况属于以下哪一类？
1. 未婚　　　　2. 已婚　　　3. 离婚　　4. 离婚后再婚
5. 丧偶未再婚　　6. 丧偶后再婚

A4. 您的广州市户口是哪年获得的？
1. 自出生就是　　　2. 记录：_____年

A5. 您目前的政治面貌是：

1. 非中共党员　　2. 中共党员 → A5a. 您入党的年份是_____年

A6. 您目前的最高受教育程度是：

1. 小学及以下　　　2. 初中　　　3. 高中（普高/职高/中专/技校）

4. 大专　　　　　　5. 本科　　　6. 研究生及以上

A7. 您最高学历是哪年获得的？_____年

A8. 您什么时候参加工作的？_____年

A9. 您目前的工作状况是：（调查员注意：如果选择"退休"，则A10—A15问退休前的情况）

  1. 全职　　　　　　　2. 半职　　　　　　　3. 退休

  4. 无业（跳答A16）　　5. 其他（请注明）_____

A10. 您目前（或退休前）的工作单位性质是：

1. 国家机关　　　　2. 事业单位　　　　　3. 国有企业

4. 集体企业　　　　5. 外资或港澳台企业　6. 私营企业

7. 个体经营　　　　8. 其他：_____（请注明）

A11. 您现在（或退休前）从事的职业是：

1. 高级管理人员　　2. 中级管理人员　　　3. 低级管理人员

4. 专业及科研人员（包括高校教师）　　　5. 教师（非高校教师）

6. 科员/办事人员　　　　　　　　　　　　7. 技术工人

8. 非技术工人及一般体力劳动者　　　　　9. 商业服务人员

10. 个体工商户　　　　　　　　　　　　　11. 不适用（无就业）

12. 其他职业（请注明）_____

A12. 您现在（或退休前）工作单位的主管部门的级别（行政隶属）是以下哪一类？

1. 中央各个部委　　　2. 广东省属　　　　3. 广州市直属

4. 广州市辖各区　　　5. 街道委员会　　　6. 其他省市

7. 没有行政隶属关系　8. 不清楚

A13. 如果现在（或退休前）您是专业技术人员，您的技术职称是：

1. 无职称　　　　　2. 初级及以下　　　　3. 中级

4. 高级　　　　　　5. 不适用

A14. 如果现在（或退休前）您是国家公务员，您的国家行政级别是：

1. 无级别　　　　2. 副科及以下　　　3. 科级
4. 副处级　　　　5. 处级　　　　　　6. 副厅级
7. 厅级及以上　　8. 不适用

A15. 如果现在（或退休前）您是企事业工作人员，您属于：

1. 操作人员　　　2. 管理人员
3. 决策人员　　　4. 不适用

A16. 您上个月的收入是_____元；您 2009 年全年总收入是_____万元；

您家庭总人数是_____人；您家庭 2009 年全年总收入是_____万元

A17. 请问您家庭现有全部住房的市场价值是_____万元，估计住房资产占您的家庭总资产的比例是多少？_____%

B. 现居住的住房基本情况

B1. 您现在居住的住房是以下哪种类型？

1. 一手商品房　　　2. 二手商品房　　　3. 自建房
4. 祖传私房　　　　5. 承租私人住房　　6. 承租市直管公房
7. 承租单位直管公房　8. 房改房　　　　9. 解困房
10. 安居房　　　　　11. 单位集资房　　12. 经济适用房
13. 经济租赁房　　　14. 限价房　　　　15. 廉租房
16. 落实侨房政策专用房
17. 拆迁安置新社区住房
18. 其他：请说明_____

B2. 您现在的住房产权是：

┌1. 完全产权　　　4. 其他（请说明）_____
　├2. 部分产权
　　　3. 租住（跳答 B6）

B2.12 原来是否为单位住房？ 1. 是 2. 否

B2.13 住房产权拥有情况？

1. 国家拥有____%；2. 单位拥有____%；3. 自己拥有____%；4. 配偶拥有____%；5. 自己父母拥有____%；6. 配偶父母拥有____%；7. 子女拥有____%；8. 其他_____（请注明）

B2.14 是自建的，是购买的，还是继承的？

1. 自建的　　　　　　2. 购买的　　　　　　3. 继承的

B2.15 哪年建造的？____年	B2.18 哪年购买的？____年	B2.21 哪年继承的？_____年
B2.16 当时造价：____万元	B2.19 当时购买价____万元	B2.22 目前市场估价____万元
B2.17 目前市场估价____万元	B2.20 目前市场估价____万元	

B2.1 原来是否为单位住房？ 1. 是 2. 否

B2.2 住房产权拥有情况？

1. 自己拥有____%；2. 配偶拥有____%；3. 自己父母拥有____%；4. 配偶父母拥有____%；5. 子女拥有____%；6. 其他_____（请注明）

B2.3 是自建的，是购买的，还是继承的？

1. 自建的　　　　　　2. 购买的　　　　　　3. 继承的

B2.4 哪年建造的？_____年	B2.7 哪年购买的？____年	B2.10 哪年继承的？_____年
B2.5 当时造价：____万元	B2.8 当时购买价：____万元	B2.11 目前市场估价____万元
B2.6 目前市场估价____万元	B2.9 目前市场估价____万元	

B3. 您购买的住房是带装修的还是不带装修的？（注：自建房或继承房跳过此题）

　　1. 带装修的　　　　　　　　　2. 不带装修

B3.1 是否重新装修？	B3.4 装修花费多少钱？_____元
1. 是→　B3.2 重新装修花了_____元 2. 否　　B3.3 重新装修时间是_____年	B3.5 装修时间是_____年

B4. 您购房时是一次性付款，还是按揭付款？（注：自建房或继承房跳过此题）

　　1. 一次性付款　　　　　2. 按揭付款

B4a. 您购房时首付是多少万元？_____万元
B4b. 首付款中，您自己的存款_____万元；
　　　父母（长辈）资助了_____万元；向朋友亲戚借款_____万元
B4c. 按揭的还款期是：1. 10 年；2. 15 年；3. 20 年；4. 30 年；5. 其他_____（请注明）
B4d. 银行按揭需上个月还贷_____元

B5. 您以上购买住房（或自建房）及装修所花费资金的来源是：（注：继承房跳过此题）

　　B5.1 自己的存款_____万元

　　B5.2 出售原有的旧住房_____万元

　　B5.3 父母（长辈）的资助_____万元

　　B5.4 亲戚朋友的借款_____万元

　　B5.5 公积金贷款或银行按揭_____万元

B6. 您上个月缴纳的物业管理费（包括公摊的水电费等）是多少元？_____元

B7. 如果您是租住房，请您回答：（如果是部分产权或全产权房，跳过此题）

　　请问您上个月的月租金是_____元

B8. 请问您及您配偶是否优惠价购买单位房改房？

1. 没有　2. 有→　B8a. 共____套，共计____平方米，购买价共是____万元
　　　　　　　　　B8b. 房改房是否已出售？1. 出售____套　　　2. 否
　　　　　　　　　B8·b1出售年份____年
　　　　　　　　　B8·b2出售价是____万元　　B8b3. 现在市场估价是____万元

B9.（除单位房改房外）请问您及您配偶是否优惠价购买单位集资房或其他政策性住房？

1. 没有　2. 有→　B9a. 共____套，共计____平方米，购买价共是____万元
　　　　　　　　　B9b. 集资房是否已出售？1. 出售____套　　　2. 否
　　　　　　　　　B9·b1出售年份____年
　　　　　　　　　B9·b2出售价是____万元　　B9b3. 现在市场估价是____万元

B10. 请问您享受过以下哪些住房福利？

B10a. 一次性住房补贴　　1. 没有　　2. 有　　共____元
B10b. 每月住房补贴　　　1. 没有　　2. 有→计____元/月
B10c. 住房公积金　　　　1. 没有　　2. 有→计____元/月

B11. 请问您配偶享受过以下哪些住房福利？（未婚者跳过此题）

B11a. 一次性住房补贴　　1. 没有　　2. 有　　共____元
B11b. 每月住房补贴　　　1. 没有　　2. 有→计____元/月
B11c. 住房公积金　　　　1. 没有　　2. 有→计____元/月

B12. 您现在的住房建筑面积是____平方米；

户型结构是____室____厅____厨____卫生间____阳台

B13. 您现在居住的住房竣工年份是什么时候？____年

B14. 您现在居住的小区是以下哪种类型？

城镇边缘社区	1	经济适用房小区	6
未经改造的老城区	2	普通商品房小区	7
企业单位社区	3	别墅区或高档住宅小区	8
政府机关社区	4	其他（请注明）____	
事业单位社区	5		

B15. 您家住宅小区内是否有以下设施？如果有，请在方框内打"√"如果没有则打"X"。

项　　目		项　　目	
B15a. 物业服务公司		B15e. 诊所/医院	
B15b. 幼儿园		B15f. 运动场	
B15c. 小学		B15g. 地下停车场	
B15d. 超市/商店		B15h. 游泳池	

B16. 除您的家人外，当您在买房/租房过程中遇到某些问题（例如资金、住房评估等方面的问题），需要找人帮忙，您首先考虑的几个人是谁？他们的情况怎样？

	他/她的姓氏	性别	他/她的各种特征				
			与您本人的关系	教育程度	职业类别	行政级别	技术职称
第一人			注： 1. 亲戚 2. 朋友 3. 同学 4. 同事 5. 老乡 6. 其他				
第二人							
第三人							
第四人							

B17. 您现在是否有购买住房的需求？

1. 有 ──────→　　　2. 没有

> B17a. 您现在购买住房最重要的原因是什么？
> 1. 住房条件改善　　2. 房产保值与升值　　3. 结婚　　4. 迁入
> 5. 拆迁　　　　　　6. 分家　　　　　　　7. 其他：请说明＿＿＿＿＿
> B17b. 您希望几年内解决您的住房需求？
> 1. 一年内　　　2. 两年内　　　3. 3—5 年　　　4. 5 年以上
> B17c. 您希望购买以下哪种类型的住房？
> 1. 一手商品房　　2. 二手商品房　　　3. 经济适用房
> 4. 限价房　　　　5. 其他：请说明＿＿＿＿＿＿＿
> B17d. 您的购房意愿地区是哪里？（多选，最多限填三个）
> 1. 越秀　　　　2. 荔湾　　　　3. 海珠　　　　4. 天河

续表

5. 白云	6. 黄埔	7. 番禺	8. 花都
9. 萝岗	10. 南沙	11. 增城	12. 从化

13. 其他（请说明）＿＿＿＿

B17e. 您希望购买多大面积的住房？＿＿＿＿平方米；

您愿意承受的最高购买价格是＿＿＿＿元/平方米；

如果您购买住房，将会采取哪种支付方式？1. 一次性付款　　2. 按揭付款

您可承受的月供是＿＿＿＿元

E. 住房满意度、生活方式与社会态度

E1. 您对您现住房以下各项是否满意？

项 目	很满意	满意	一般	不满意	很不满意	不适用
a. 室内空间大小	(1)	(2)	(3)	(4)	(5)	(6)
b. 室内布局	(1)	(2)	(3)	(4)	(5)	(6)
c. 水、电、煤气的提供	(1)	(2)	(3)	(4)	(5)	(6)
d. 采光	(1)	(2)	(3)	(4)	(5)	(6)
e. 通风	(1)	(2)	(3)	(4)	(5)	(6)
f. 电梯及公共空间维修	(1)	(2)	(3)	(4)	(5)	(6)
g. 本楼卫生条件	(1)	(2)	(3)	(4)	(5)	(6)
h. 建筑用料（如漏水问题）	(1)	(2)	(3)	(4)	(5)	(6)
i. 安全感	(1)	(2)	(3)	(4)	(5)	(6)
j. 隐私（例如私人空间）	(1)	(2)	(3)	(4)	(5)	(6)
k. 噪声	(1)	(2)	(3)	(4)	(5)	(6)
l. 其他公共设施维修	(1)	(2)	(3)	(4)	(5)	(6)

E2. 您对自己家的住房综合条件是否满意？

1. 很满意　　　　　2. 满意　　　　　3. 一般

4. 不满意　　　　　5. 很不满意

附录 I 广州市城市住房状况调查问卷

C. 现在想了解一下，您及您家庭在继承/自建/购买/租住现住房时的基本情况

调查员注意：如果被访者的住房是租住的或继承的，询问个人及当时居住在一起的家庭成员情况；如果被访者的住房是购买的或自建的，询问个人及对购房或建房有帮助的家庭成员情况

与本人关系 1. 自己 2. 配偶 3. 父亲 4. 母亲 5. 子女 6. 兄弟 7. 姐妹 8. 其他	C2. 当时的教育程度： 1. 小学及以下 2. 初中 3. 高中/职高/中专 4. 专科 5. 本科 6. 研究生及以上	C3. 当时的从业状态： 1 有工作 2 无工作 3 已退休 (调查员注意，如果被访者是第2种情况，直接跳到C4；询问下一对象)	C4. 当时从事的行业是： 1. 农、林、牧、渔业 2. 医药卫生 3. 机械机电业 4. 建筑业 5. 冶金矿产业 6. 水利水电业 7. 交通运输业 8. 仓储业 9. 批发零售 10. 公共饮食业 11. 金融、保险业 12. 房地产业 13. 旅游休闲业 14. 体育和社会福利 15. 家具家居用品 16. 教育、文化艺术和广播电影电视业 17. 科学研究和综合技术服务 18. 国家机关、党政机关和社会团体 19. 石油化工业 20. 信息产业 21. 不适用（无就业） 22. 其他行业（请注明）	C5. 当时的工作类型是？ 1 全日制工作 2 非全日制工作 3 临时性工作	C6. 当时从事的职业是： 1. 高级管理人员 2. 中级管理人员 3. 低级管理人员 4. 专业及科研人员（包括高等院校教师） 5. 教师（非高等院校教师） 6. 科员、办事人员 7. 技术工人 8. 非技术工人或一般体力劳动者 9. 商业服务人员 10. 个体工商户 11. 不适用（无就业） 12. 其他职业（请注明）	C7. 单位性质： 1 党政机关 2 国有企业 3 国有事业 4 集体经营 5 个体经营 6 私民企业 7 三资企业 8 其他	C8. 工作单位的主管/挂靠部门的级别： 0 无主管挂靠单位 1 中央 2 省级 3 地市级 4 区/县级 5 街镇/乡 6 居委村委 7 其他（说明）	C9. 是否具有国家行政级别： 1 无级别 2 副科级以下 3 科级 4 副处级 5 处级 6 厅局级 7 厅级及以上	C10. 技术职称： 0 无职称 1 初级 2 中级 3 高级	C11. 当时的政治身份： 1 中共党员 2 非中共党员	C12. 当时的年总收入是多少万元？	C13. 对购房或建房提供的资助的全额是多少万元？
自己												
配偶												
父亲												
成员1												
成员2												
成员3												

注：如果未婚，则跳过配偶。

D. 您家的住房史

D1. 除了现在的住房外,您家是否曾拥有过及还拥有具有部分或全部产权的住房?

1. 没有(直接跳答 E 部分)
2. 有 → 还有几处 _____ 处

拥有具有部分或全部产权的住房数量	D1a. 获得方式: 1 继承 2 购买 3 自建 4 其他(请注明)	D1b. 购买或自建的房价(万元)	D1c. 住房建筑面积(m²)	D1d. 住房购买或自建时间	D1e. 住房目前市价(万元)	D1f. 住房产权所有者是: 1 自己 2 配偶 3 父母 4 子女 5 单位 6 其他(请注明)(可多选)	D1g. 是否已经卖出? 1. 是 2. 否	D1h. 是否从单位得到的房? 1. 是 2. 否	D1i. 是否父母给的资助? 1. 是 2. 否	D1j. 您当时的婚姻状况: 1未婚 2已婚 3离婚后未再婚 4离婚后再婚 5丧偶后未再婚 6丧偶后再婚	D1k. 您当时的教育程度: 1小学及以下 2初中 3高中/中专 4大专 5本科 6研究生及以上	D1l. 您当时的从业状态: 1有工作 2无工作 3已退休	D1m. 您当时从事的职业(如果您已退休,请注明退休前最后一处住房情况): 1.高级管理人员 2.中级管理人员 3.低级管理人员 4.专业及科研人员(包括高校教师) 5.教师(非高校教师) 6.科员/办事人员 7.技术工人 8.非技术工人 9.一般体力劳动者 10.商服员 11.不适用无工作 12.其他职业(请注明)	D1n. 您当时的单位性质: 1党政机关 2国有企业 3国有事业 4集体企事业 5个体经营 6私民营企业 7三资企业 8其他	D1o. 您单位的主管/挂靠部门的级别: 0无主管或挂靠单位 1中央 2省级 3地市级 4区县级 5街镇乡 6居委村委 7其他(说明)	D1p. 您当时的技术职称: 0无职称 1初级 2中级 3高级 (未婚跳过)	D1q. 您当时是否具有国家行政级别: 0无级别 1副科级及以下 2科级 3副处级 4处级 5副厅级 6厅级及以上 (未婚跳过)	D1r. 您配偶当时是否具有国家行政级别: 0无级别 1副科级及以下 2科级 3副处级 4处级 5副厅级 6厅级及以上 (未婚跳过)	D1s. 您配偶当时的技术职称: 0无职称 1初级 2中级 3高级 (未婚跳过)	D1t. 您配偶当时是否具有国家行政级别: 0无级别 1副科级及以下 2科级 3副处级 4处级 5副厅级 6厅级及以上 (未跳过)	D1u. 当时家庭年收入是多少万元?
第1处				___年																
第2处				___年																
第3处				___年																
第4处				___年																
第5处				___年																

D2. 目前,您家有没有将房屋出租给别人?　1. 没有
　　2. 有 → **D2a.** 通过出租房屋,每月共获得净租金多少元? _____ 元

E3. 您对您住房所在小区是否满意?

设施/服务	很满意	满意	一般	不满意	很不满意	不适用
a. 休憩场所	(1)	(2)	(3)	(4)	(5)	(6)
b. 康乐设施	(1)	(2)	(3)	(4)	(5)	(6)
c. 景观设计（如园艺）	(1)	(2)	(3)	(4)	(5)	(6)
d. 建筑外观	(1)	(2)	(3)	(4)	(5)	(6)
e. 卫生环境	(1)	(2)	(3)	(4)	(5)	(6)
f. 保安	(1)	(2)	(3)	(4)	(5)	(6)
g. 诊所、托儿所	(1)	(2)	(3)	(4)	(5)	(6)
h. 小区绿化程度	(1)	(2)	(3)	(4)	(5)	(6)
i. 交通安全	(1)	(2)	(3)	(4)	(5)	(6)
j. 购物	(1)	(2)	(3)	(4)	(5)	(6)
k. 自行车棚	(1)	(2)	(3)	(4)	(5)	(6)
l. 小汽车停车场/停车间	(1)	(2)	(3)	(4)	(5)	(6)

E4. 对现居所及所在小区的整体满意程度

1. 很满意　　　　2. 满意　　　　3. 一般

4. 不满意　　　　5. 很不满意

E5. 您认为您所居住社区的人际关系是属于哪一种情况？（请以 1 至 7 分来评价）

1. 彼此不友善　　1　2　3　4　5　6　7　　彼此友善
2. 各顾各的　　　1　2　3　4　5　6　7　　互相照顾
3. 互相怀疑　　　1　2　3　4　5　6　7　　互相信赖
4. 彼此很陌生　　1　2　3　4　5　6　7　　彼此很熟识

E6. 下列说法是否符合您的生活习惯或您的真实想法

	很符合	符合	较符合	不太符合	很不符合
1) 除非必要，我和我的家人从不轻易购买生活必需之外的物品	(1)	(2)	(3)	(4)	(5)
2) 我和我的家人过生日或遇上重要节日时，总是到餐馆去聚餐	(1)	(2)	(3)	(4)	(5)

续表

	很符合	符合	较符合	不太符合	很不符合
3）我总是到较有名气的商店去购物	(1)	(2)	(3)	(4)	(5)
4）我家的耐用消费品大都是名牌、高档	(1)	(2)	(3)	(4)	(5)
5）我出门总是坐出租车或私家小汽车	(1)	(2)	(3)	(4)	(5)
6）我从事的工作总是很紧张	(1)	(2)	(3)	(4)	(5)
7）为了缓解经济压力，我得加班加点，多赚钱少休息	(1)	(2)	(3)	(4)	(5)
8）我身边的朋友都是些生活境况不太好的朋友	(1)	(2)	(3)	(4)	(5)
9）我觉得现在过得很舒适、安逸，生活上没有什么压力	(1)	(2)	(3)	(4)	(5)
10）过年过节是生活的负担	(1)	(2)	(3)	(4)	(5)
11）我非常注重住房的装修风格	(1)	(2)	(3)	(4)	(5)
12）我住房周边的环境一定要优美	(1)	(2)	(3)	(4)	(5)
13）我家用了好些艺术品、艺术画来装饰家庭气氛	(1)	(2)	(3)	(4)	(5)
14）在休息时间，我总是要听些音乐、或欣赏一些艺术作品	(1)	(2)	(3)	(4)	(5)
15）我经常去专门的体育场馆或健身房锻炼身体	(1)	(2)	(3)	(4)	(5)

E7. 根据住房状况，如果把广州城市居民分成以下五个层次，您认为您家处于社会哪个层次？

  1. 上层 2. 中上层 3. 中层 4. 中下层 5. 下层

E8. 您是否赞同下列关于住房的说法？

	很赞同	赞同	较赞同	不太赞同	很不赞同
1. 买房比租房好，买了房才有家的感觉	(1)	(2)	(3)	(4)	(5)
2. 只要有房子住，不一定要有房产	(1)	(2)	(3)	(4)	(5)
3. 为了供房，节衣缩食也是值得的	(1)	(2)	(3)	(4)	(5)
4. 目前房价上涨得太离谱	(1)	(2)	(3)	(4)	(5)

续表

	很赞同	赞同	较赞同	不太赞同	很不赞同
5. 生活中最大的压力来自购房	(1)	(2)	(3)	(4)	(5)
6. 有权的人不愁没房住	(1)	(2)	(3)	(4)	(5)
7. 住房给富人带来幸福,给穷人带来痛苦	(1)	(2)	(3)	(4)	(5)
8. 住房是个人身份与地位的象征	(1)	(2)	(3)	(4)	(5)
9. 穷人与富人不应该居住在同一小区	(1)	(2)	(3)	(4)	(5)
10. 政府应该为中低收入居民提供更多的保障房	(1)	(2)	(3)	(4)	(5)
11. 房价过高,政府应该干预	(1)	(2)	(3)	(4)	(5)
12. 政府应该为外来人口提供住房保障	(1)	(2)	(3)	(4)	(5)
13. 目前的住房保障令人满意	(1)	(2)	(3)	(4)	(5)
14. 经济适用房政策可能导致腐败	(1)	(2)	(3)	(4)	(5)

E9. 如果政府对您实行住房保障,您希望获得下面哪一种政府住房保障?

1. 廉租房　　　　2. 租金补贴　　　　3. 经济租赁房

4. 经济适用房　　5. 限价房

E10. 据您了解,您周边有人不符合条件而获得以下保障性住房吗?

内容	有	没有	不知道
廉租房	(1)	(2)	(3)
经济适用房	(1)	(2)	(3)
限价房	(1)	(2)	(3)
经济租赁房	(1)	(2)	(3)

……………访问结束,感谢被访者,填写后面的访谈记录!………………

1. 被访者合作程度如何?　1) 合作　2) 较合作　3) 不合作

2. 调查对象的住房拥挤程度?　1) 拥挤　2) 较拥挤　3) 不拥挤

3. 对调查对象居住环境的整体感观(根据装修、家具、家电情况判断)

1）简陋　　　　2）一般　　　　3）豪华
4. 被访者使用的语言是：　1）广州话　2）普通话　3）其他语言
5. 被访者的住房是否为江景房？　1）是　　　2）不是

访问员保证：我保证本问卷所填各项资料，皆由我依照作业程序规定完成，绝对真实无欺，若发现一份作假，全部问卷作废，并赔偿相应损失。

访问员签名：_____

附录Ⅱ 广州市住房制度改革实施方案

【颁布单位】广州市人民政府【颁布日期】1989-08-16【实施日期】1989-10-01

为了改革我市统包统分的低房租、高暗贴、福利制、实物分配的住房制度，有计划有步骤地解决我市住房生产和供给的严重短缺，加快住宅建设，合理调整消费结构和产业结构，促进城市改造和房地产业、建筑业、建材工业的发展，根据国务院和省对住房制度改革的要求，结合我市实际情况，制订本方案。

我市住房制度改革总的做法是：卖房起步，分步提租相应发贴，新分配的住房实行新制度。

一　积极组织公有住房出售

我市的公有住房，除了政策规定不能出售的以外，不论是属于房地产管理部门直管的或是各单位自管的，都应纳入出售范围，向干部、职工出售。

出售公有住房统一实行以下规定：

（一）正确评估，合理定价。向干部职工出售公有住房，一律按标准价计算，即新建住房的标准价包括住房本身建筑造价加征地和拆迁补偿费；旧住房的标准价按重置价成新折扣和环境、地段、朝向、楼层等因素以质计价。重置价系指前一年购置同类型的新建住房的建筑造价加征地和拆迁补偿费，由房管、物价部门制定统一的价格标准和评估办法。

（二）出售公有住房以建筑面积作为计价单位。户建筑面积依据住宅竣工图纸的单元组合面积计算，没有图纸作依据的则按实丈量。单元组合面积以外的建筑面积，如公共楼梯、过道等不按户分摊，也不列入计算住房分配控制面积的范围内。

（三）对现住户购房减收征地和拆迁补偿费。干部职工购买现已自住的公房，其建筑面积在粤府〔1983〕68号文件规定（以下简称省规定）的住房分配控制面积以内的，减收征地和拆迁补偿费，个别不便更换又无法分割的超控制面积的住房，可以适当放宽控制面积，但极限只能允许五平方米以内，超出部分不予减收征地和拆迁补偿费。

（四）实行一次性房价优惠，以后不再按月发给住房补贴的办法。为了鼓励干部职工早买房子，凡在本方案开始实施一年内购房的，现住户在省规定的住房分配控制面积和上述可以适当放宽的超控制面积计算的范围内的实际面积，可按扣除征地和拆迁补偿费后的房价予以优惠20%；一年后才购房的，每迟购一年，优惠率减少5%。

（五）实行按省规定的住房分配控制面积内的工龄房价优惠。根据购房者的工龄长短，每一年工龄优惠0.3%。

（六）实行税费优惠。产权单位按本方案向干部职工出售的住房，免缴建筑税、营业税；干部职工购买公有住房，免缴契税、房产税和土地使用税；监证费、工本费和手续费按规定费率减收50%。

（七）坚持最低限价原则。产权单位出售的住房，属一九七九年建成的砖混结构单元套房的，每平方米建筑面积标准售价不得低于一百八十元，框架结构的提高10%；一九八○年后建成的，可在此基础上平均每年增加1%；一九七八年以前建成的则平均每年扣减1%，但最多只能扣减30%。质量、环境、装修都比较好的住房，不论是何年建成的，都不应低于每平方米一百八十元的最低限价。

（八）实行一次付清房款和分期付款两种结算方式。一次付清的，产权单位可按折扣优惠以后的应收房款减收25%。分期付款的，首期付款额不得少于应收房款的20%，如超过20%的，每多付10%，减收3%。分期付款期限最长不得超过十五年，五年期内付清的，按同期银行规定的活期储蓄存款利率加计欠息，十年期内付清的，一律按同期银行规定的整存整取一年期储蓄存款利率加计欠息，十五年期内付清的，一律按同期银行规定的整存整取三年期储蓄存款利率加计欠息。售房款结算，由产权单位通过有关的金融机构办理。

（九）保障购房的干部职工利益，积极推行房屋售后优惠保险制度。

（十）建立售后有期限的保修制度。出售的公有住房，其公共部位，凡经过技术鉴定，确认是非人为原因损坏的，三年之内由原产权单位负责修复，以维护购房者的利益。但保修期内的室内及公共部位的正常养护，仍应分别由产权人负责或分摊。

（十一）每个干部职工家庭（夫妻及未婚子女和赡养的老人）只能享受一次优惠购房。没有在职干部职工或离（退）休干部职工的纯居民户，不得按本方案购买公房。居住自有私房又租住公房的干部职工，其私房已超过了省规定的住房分配控制面积的，也不得按本方案购买公房。

（十二）干部职工按本方案购买的住房，在付清房款五年后允许按市场价格出卖给原房屋产权单位或当地的房地产管理部门，原产权单位或房地产管理部门不买时，方可自由交易，住房变价出卖所发生的增值额，要向原产权单位交纳20%的增值费，其余归个人；五年内出售的，只能按原购房价格出售给原产权单位或当地的房地产管理部门。

（十三）实行"超标"加价。干部职工购买一套现住房，超过省规定的住房分配控制面积五至十五平方米（含十五平方米）的部分，其售价增加20%；超过十五至二十五平方米（含二十五平方米）的部分增加60%；超过二十五至三十五平方米（含三十五平方米）的部分增加100%；超过三十五平方米以上的部分按市场价出售。

二　逐步改革低租制

（一）自一九九〇年开始先统一公房租金标准。凡全民和集体单位出租的公有住房，租金低于现行"广州市民用公房住宅租金计算标准"的，统一按这个标准计租，并实行统一的房租补贴办法，即以承租户为补贴对象，由承租人所在单位，按省规定的住房分配控制面积内的实际计租面积计算的租金额补贴40%。超过省规定的住房分配控制面积的部分，按成本租金计收，即每平方米使用面积平均月租金一元六角一分，并且不给补贴。自方案实施之日起，各单位原来自行制定的各种房租补贴制度一律废止。租住私房的干部职工，如按统一规定的私房租金标准交租的，可参照实行。

（二）自一九九一年开始，要根据经济的发展，逐步提高公房租金。

争取在几年内提高到五项成本租金月平均 1.61 元/m² 的水平，然后向商品租金逐步过渡。拟从一九九一年起，把每平方米使用面积平均月租金提高到八角左右，并相应发给补贴。提租发贴办法届时公布。

三 新分配的住房实行新的制度

凡由房管部门或单位新分配住房的住户（包括旧住户调整增加面积的部分），不论是新竣工的或是旧住房腾空后重新安排的，自本方案实施之日起，实行以下新的规定：

（一）先卖后租。大部分出卖给干部职工个人，小部分出租给暂时缺乏购房能力的低收入住房困难户。

（二）实行租赁保证金制。新承租户在订立租约时要按使用面积每平方米不低二十元的标准（超标部分加倍计收），一次性向产权单位存入租赁保证金，产权单位以其利息收入补偿出租房养护、维修和管理费用的不足，解除或终止租约时产权单位只将本金返还承租人，亦可在承租人购房时将本金抵减房款。人均月生活费用低于当年社会最低生活费用标准的家庭，租用面积在规定的分配控制范围内的，可免存保证金。属于调整分配的旧住户，基调整增加的面积也要交存保证金。

（三）超标加租。凡超过省规定的住房分配控制面积的部分，在全市公房租金尚未达到成本租金之前，按成本租金（月平均 1.61 元/m²）标准加一倍计租，在全市公房租金已达到成本租金之后，按商品租金标准计租。

（四）干部职工购房后，不论以何种方式放弃了所购房屋所有权或使用权的，单位不再提供出租公房。干部职工因调换房屋使用而减少了租住面积从而发生住房困难的，单位也不再重新安排出租公房。

今后建造以优惠价格向干部职工出售的住房，要严格控制建筑标准，在设计上要考虑实用、节约的原则。也可以只建造没有内墙间隔和装修的房屋出售，以降低售价，避免浪费。

四 加快缓解住房供求矛盾

采取积极措施，加快缓解我市住房紧张状况，改善干部职工居住条件，提高居住水平，是我市住房制度改革的一项重要内容，也是实现本世纪末居住达到小康水平的一项战略目标。各级政府，各个单位，都要把解决好干部职工住房困难问题列入重要议事日程。要通过多种渠道、多种形式和多层次的集资，建造不同档次的住宅，逐步满足不同层次收入的人们日益增长的住房消费要求。

解决住房困难是一项长期的任务，也是城市住房制度改革的一项重要内容，要成立有固定编制的房改常设机构，统一规划，统一安排住房建设。政府也要给予必要的优惠和支持。在基本解决一九八五年房屋普查时发现的人均两平方米以下居住特别困难户工作任务的基础上，进一步深入调查研究，摸清新的无房户和拥挤户的情况，制订工作计划，把缓解住房困难的工作与住房制度改革的目标紧密结合起来。

今后政府拨款或单位自筹资金建成的住宅，不论是出售或出租，应首先面向低收入的住房困难户，要建立起严格的监督机制，保证住房解困工作的顺利进行。

五　建立比较稳定的各级住房基金

住房制度改革所需资金，要立足于现有资金的转化，要把围绕住房生产、经营、消费所发生的资金集中起来，在市、区（县）两级财政部门的参与下，通过理顺、转换、核定、筹集，建立各级住房基金，变无序为有序，使之合理化、固定化、规范化，保证住房制度改革和住宅建设有一个固定的资金来源。住房基金实行分级管理，分别运转，各负其责，自求平衡的管理原则。

单位住房基金的主要来源包括：（1）按规定应提的住房折旧金和大修理基金；（2）从留利中提取10%的建房资金以及从后备基金、福利基金、奖励基金中分离出来用于建房的资金；（3）出售公房回收的资金；（4）房租收入；（5）从预算外收入中按一定比例提取的资金。

区、局（总公司）级住房统筹基金的主要来源包括：（1）从所属各单位改革后的应收租金总额大于发贴总额的差额中提取一定比例的统筹金；（1）系统自行安排的其他住宅统筹金（包括区财政在预算中安排的部分）。

房管部门出售直管公房回收的资金，属房管部门的住房基金，由房管部门管理，只能用于房屋维修、危房改造和建造廉价房。

市级住房基金的主要来源包括：（1）市财政每年在预算中安排用于住

房方面的资金；（2）改革开始后新增加的房产税；（3）按省规定留成的住宅建筑税；（4）从各单位出售的公房回收资金中提取5%的统筹金（属省直单位提取的，自方案实施之日起三年内由市住房基金库划转其中60%给省作为省直单位住房基金）；（5）通过其他渠道（如发行住房建设债券）筹集的资金。

各县要建立县的各级住房基金。

中央和部队驻穗单位、省属单位也要相应建立各自的住房基金。

在建立住房基金的过程中，财政和企业单位都不能放松住宅建设资金的投入，其重点应转向解决住房困难方面，而不应是"锦上添花"。

住房基金是一项专门用于支持住房制度改革、维持住房再生产的专项资金，要专项储存，定向使用，要按财政部门的要求按时报送住房资金收支报表，接受审查和监督。具体管理办法另行制定。

在房地产专业银行未有建立时，由指定的有关专业银行成立房地产信贷部，负责办理有关住房生产、消费资金的筹集、融通和信贷结算业务。房地产信贷部实行单独核算，自主经营，自负盈亏，自求平衡，单独完税的经营方针，在条件具备的时候，要举办住房低息抵押贷款业务。

六 改革的实施范围

凡在本市东山、海珠、荔湾、越秀、白云、天河、黄埔、芳村八区范围内的中央、省、市、区属行政机关，部队，人民团体，企事业单位和居民，不论级别和隶属关系，都是本方案的实施范围。

七 加强房改实施工作的领导

住房制度改革是整个经济体制改革的重要组成部分，也是一项十分复杂的系统工程，政策性强，涉及面广，难度很大。住房制度改革要求人们更新几十年的传统观念，思想工作更应做细做好，各级政府，各个部门，各个单位，必须切实加强对改革实施工作的舆论宣传和组织领导，要进一步建立和健全各级房改机构，指定领导干部负责，配备必要的工作人员，具体贯彻改革方案。在执行本方案的过程中，要特别注意做好建立各级住房基金和住房解困工作，还要注意提高工作透明度，走群众路线，接受广大干部职工群众的监督。要防止利用房改之机搞新的不正之风。在制定单位实施细则时，要注意与本方案的总体精神和基本原则保持一致，主管单位要严格把好审批关。各级监察部门、房改工作机构，要认真倾听群众的意见和反映，及时纠正和查处违纪行为。

市属各县应结合自身的实际情况，根据住房制度改革的要求，制订县的住房制度改革方案。上报批准后，才能实施。

八　本方案中的《公房租金标准和房租补贴暂行规定》自一九九○年一月一日起施行；其余住房制度改革方案由一九八九年十月一日起实施。

附件一：广州市出售公有住房办法

为加快我市住房制度改革，逐步推进住宅私有化、商品化，根据广州市住房制度改革实施方案的要求，制定本办法。

一、出售范围

凡经广州市房地产管理局确认产权来源清楚、同意出售的公有住房，均可出售给干部职工个人。已竣工尚未安排干部职工入住的公有产权住房，同属出售的范围。

二、出售对象

出售公有住房，是属于以优惠价鼓励干部购买性质的，因此出售的主要对象应该是在职干部职工或离退休干部职工中的现住户，包括属于正常的工作调动和人才流动而调离原单位的现住户，每一个干部职工家庭（夫妻和未婚子女以及赡养的老人）只能购买一次。已经竣工尚未安排干部职工入住的公有住房，应该面向本单位的干部职工住房困难户出售，并应按照粤府〔1983〕68号文件规定（以下简称省规定）的住房分配控制面积，从严掌握。

三、计价单位

出售公有住房一律以建筑面积计价。

户建筑面积依据住房竣工图纸的单元组合面积计算，没有图纸作为依据的则按实丈量。单元组合面积以外的建筑面积，如公共楼梯、过道等不按户分摊，也不列入住房分配控制面积的计算范围。

四、定价原则和方法

向干部职工出售公有住房，一律按标准价计算。新建住房的标准价包括住房本身建筑造价以及征地和拆迁补偿费用。旧住房的标准价按重置价成新折扣和环境、地段、朝向、楼层等因素以质计价。重置价系指前一年购置同类型的新建住房的建筑造价加上征地和拆迁补偿费。由房管、物价部门制定每一年的统一价格标准和评估办法。一九七九年建成的砖混结构单元套房，每平方米建筑面积标准售价不得低于一百八十元；框架结构的提高10%；一九八〇年（含一九八〇年）后建成的，可在此售价的基础上平均每年增加1%；一九七八年（含一九七八年）前建成的则平均每年扣减1%，但最多只能扣减30%。质量、环境、装修都比较好的住房，不论是何年建成的，都不应低于省规定每平方米一百八十元的最低售价。

干部职工购买一套现住房，超过省规定的住房分配控制面积五至十五平方米（含十五平方米）的部分，其售价增加20%；超过十五至二十五平方米（含二十五平方米）的部分其售价增加60%；超过二十五至三十五平方米（含三十五平方米）的部分，其售价增加100%；超过三十五平方米以上的部分，按市场价出售。

出售公有住房的定价，应先经持有由市住房制度改革办公室发给的"房屋评估员证"的评估员，按照统一规定的计价标准提出初步的评估意见，然后交由有单位领导、行政、体改、工会、财务和职工代表组成的房价评估小组民主评定，并上报市住房制度改革办公室或由市住房制度改革办公室授权审查的单位审批后向职工公布。

五、优惠办法和结算方式

（一）对现住户购房减收征地和拆迁补偿费。干部职工购买现已自住的公房，其建筑面积在省规定的住房分配控制面积以内的，减收征地和拆迁补偿费，个别不便更换又无法分割的超控制面积住户，可以适当放宽控制面积，但极限只能允许在五平方米以内，超出部分不予减收征地和拆迁补偿费。

（二）实行一次性房价优惠，以后不再按月发给住房补贴的办法。为了鼓励干部职工早买，凡在本方案开始实施一年内购房的，现住户在省规定的住房分配控制面积和上述可以适当放宽的超面积内的实际面积，可按扣除征地和拆迁补偿费后的房价优惠20%；一年后才购房的，每迟购一年，优惠率减少 5%。

（三）实行按省规定的住房分配控制面积内的工龄房价优惠。根据购房者的工龄长短，按上述计算一次性房价优惠的基数，每一年工龄优惠 0.3%。计算工龄的年限至产权单位决定出售的年度为止。

（四）实行税费优惠。产权单位以优惠价向干部职工个人出售的住房，免缴建筑税、营业税；干部职工按本办法购买公有住房，免缴契税、房产税和土地使用税；监证费、工本费和手续费按规定费率减收 50%，由买卖双方平均负担。

（五）实行一次付清房款与分期付款两种结算方式，不论何种结算方式，单位都不予借贷。对一次付清房款的，产权单位可按应收房款减收 25%，即按 7.5 折收款。分期付款的，首期付款额不得少于应收房款的 20%，如超过 20% 的，每多付 10% 可按应收房款减收 3%。分期付款期限最长不得超过十五年，五年期内付清的，按同期银行规定的活期储蓄存款利率加计欠款利息，十年期内付清的，一律按同期银行规定的整存整取一年期储蓄存款利率加计欠款利息，十五年期内付清的，一律按同期银行规定的整存整取三年期储蓄存款利率加计欠款利息。售房款结算，由产权单位通过有关的金融机构办理。

（六）买卖公有住房，必须签订买卖协议，并应用统一的买卖协议书。

买卖双方持协议书和价格评估表向市房屋交易所办理交易手续，领取房屋所有权证和国有土地使用证。如以分期付款方式购房的，在债务未付清之前，债权单位应凭经公证或鉴证的购房分期付款协议，向市房地产登记所办理他项权利登记，领取房屋他项权证。购房债务未清的干部职工不得将房屋出租、出售或改变用途。

六、回收资金的管理

出售公有住房回收的资金，除了一次性向市住房基金库上交交易额 5% 的城市住宅统筹金外，其余部分，属于在工商银行开户的企业单位可专项存原开户银行，其他单位则应全部存入市建设银行，作为单位住房基金的来源之一，按照一九八九年一月四日国办发明电〔1989〕1 号通知的规定，除提取 10% 用作出售住房公用部位的维修外，其余冻结两年，所有权不变。但住房解困任务较重的单位，在冻结期内经市住房制度改革办公室批准，可以定向用于购买或建造"解困房"。各单位在使用这项基金时，必须自觉接受市建行和上级主管部门的监督，不得挪作他用。

七、售后维修、管理与房屋保险

干部职工购房后必须严格执行和遵守房地产管理机关的有关房地产政策、法规。凡购买面积范围之内所发生的维修费用，一律自理；公共部位（包括房屋承重结构、屋面、楼梯间、外墙、供电、上下水、煤气管线等的维修和化粪池的清理）的正常养护费由用户共同分摊，但如经技术鉴定确认是非人为原因损坏的，三年内由原产权单位负责修复。以后的管理与维修则实行有偿服务，也可以由购房者联合组织管理机构负责解决。

为保障购房干部职工的利益，必须采取积极措施，简化手续，优惠费率，推行售后房屋保险制度。

售后维修、管理和房屋优惠保险的具体办法另行制定。

八、优惠购房的限制及其他

（一）凡居住自有私房又租住公房的干部职工，其私房面积已超过省规定的住房分配控制面积的，不得再按本办法购买公房。

（二）凡没有在职干部职工或离退休干部职工的纯居民房，也不得按本办法购买公房。

（三）凡一户住有两套公房的干部职工，建筑面积合计已超过省规定的住房分配控制面积的，只可以购买一套，另一套应退回产权单位，如果不退，则两套均不能按本办法购房。如退回确有困难的，可以按成本租金租用。现已租住两套公房，建筑面积合计未超过住房分配控制面积的，可按本办法购买。

（四）干部职工购买的公有住房，在交清房款五年后允许按市场价格出卖给原房屋产权单位或当地的房地产管理部门，原产权单位或房地产管理部门不买时，方可自由交易，其所得增值额，应向原产权单位交纳20%增值费，余下归个人；五年内出售的，只能按原购房价格出售给原产权单位或当地房地产管理部门。

九、本办法由市住房制度改革办公室负责解释。

十、本办法自一九八九年十月一日起实施。原《广州市试点单位出售公有旧住宅试行办法》同时废止。

附件二：广州市公房租金标准和房租补贴暂行规定

根据广州市住房制度改革实施方案关于逐步改革低租制的要求，制定本规定。

一、凡全民和集体单位出租的公有住房，租金低于现行"广州市民用公房住宅租金计算标准"的，统一按本规定的标准计租，并统一实行以承租户为补贴对象，由承租人所在单位，按租金的40%计发房租补贴的办法。

二、凡出租公房每平方米使用面积的租金单价，在本规定实施前已经高于"广州市民用公房住宅租金计算标准"的，不再降低。承租人同样享受上述规定的房租补贴。

三、极少数原来已经执行"广州市民用公房住宅租金计算标准"，但未能发给职工房租补贴的企业单位，可由企业根据自身的承受能力情况，经职代会讨论通过后缓发住房补贴。

四、计算承租人房租补贴的租金基数，只限于按省规定的住房分配控制面积之内的实际计租面积计算的房租金额。超过控制面积的部分，单位不予计发补贴。

五、承租人第一次向单位申请领取房租补贴时，必须交验租约、租金收据或其他可以证明计租面积和交租金额的正式凭证。

六、承租人的房租补贴计算基数发生变化时，应及时向单位报告。

七、没有工作单位的承租人，其房租补贴可由承租户中的一名成员向所在单位申请发给。

八、租住私房的干部职工，如果租金单价在"广州市私有出租住宅用房租金计算标准"以内的，房租补贴可以比照执行。自己有私房出租又同时租住公房的，其房租补贴只按租住公房大于出租私房的面积计算的房租金额，作为计发房租补贴的基数。

九、房租补贴由单位的住房基金或福利基金中列支。

十、凡原来执行粤府〔1983〕68号文件所附的《各等级房屋租金单价表》（俗称公用公房租金标准）统一规定的房租计价标准的承租人，在省规定的住房分配控制面积之内的住房面积，因改按本暂行规定交租和领取房租补贴而发生增支的，经过申请，可由所在单位另外通过福利补助的办法给予解决。

十一、本规定不适用于中外合资、合作和外资独资经营企业。

十二、本规定由市住房制度改革办公室解释。

十三、本规定自一九九〇年一月一日起实施。在此之前，各单位执行与本规定有抵触的房租补贴制度，一律废止。

附件三：广州市新分配住房实行租赁保证金制度试行办法

为了逐步缓解我市住房供需紧张矛盾，积极推进住房制度改革，避免在改革旧的住房制度的条件下，新分配的住房又回到旧制度的轨道上。根据广州市住房制度改革实施方案的规定，制定本办法。

一、我市房改方案实施后，凡在市属八区范围内包括中央、省驻穗的行政、事业、企业单位和房管部门新分配入住的出租公房，以及旧住户房改后调整住房所增加的使用面积，一律实行由承租人向产权单位存入租赁保证金制度。

二、租赁保证金是房屋产权单位将房屋出租给承租人，按规定的标准收取的抵押款项。

三、租赁保证金一经存入，中途不办理退还。但租赁关系终止或被解除之日起，产权单位应于十天内向承租人退还租赁保证金本金。承租人因调整住房而中止租约的，产权单位只相应退还调减面积的部分。如属调增面积的，承租人还需相应加存租赁保证金。原产权单位要负责向新的产权单位办理承租人所存租赁保证金的划转手续。

四、任何单位不得以任何形式利用公款为承租人交存租赁保证金。

五、产权单位向承租人收取的租赁保证金暂定每平方米使用面积不低于二十元。超过省规定的住房分配控制面积的部分则加倍计收。今后将随改革的不断深化，逐步提高收取标准。

六、租赁保证金标准的调整由市住房制度改革办公室确定。

七、承租人向产权单位存入租赁保证金后，仍须按租赁合约的规定，按期交付租金。

八、产权单位向承租人收取的租赁保证金应纳入单位的住房基金并设置分户账进行管理，不得挪作他用。在管理期间所获得的银行存息，视同增租收入，归产权单位，作为补偿房屋维修费之不足。

九、承租人与产权单位确立租赁关系时，如果家庭人均收入低于当年社会最低生活费用标准的，经向产权单位申请批准后，在省规定住房分配控制面积内的，可暂免存入租赁保证金，但当家庭收入水平提高以后，应补存租赁保证金。

十、租赁关系转变为买卖关系时，承租人原有租赁保证金可作为抵付购房款。

十一、产权单位所出租的房屋如被承租人人为损坏或未能在租赁合约期满收回房屋时，产权单位可以从承租人存入的租赁保证金中提取抵补损失。

十二、本办法由广州市住房制度改革办公室负责解释。

十三、本办法自一九八九年十月一日起实施。

附录Ⅲ 广州市人民政府转发省人民政府关于加快住房制度改革实行住房货币分配的通知

(1999年1月26日 穗府〔1999〕10号)

各区、县级市人民政府,市府直属各单位,驻穗各单位:

现将省人民政府《关于加快住房制度改革实行住房货币分配的通知》(粤府〔1998〕82号)转发给你们,并结合我市实际,提出如下意见,请一并贯彻执行:

一、按照市人民政府《印发关于广州市直属机关事业单位住房货币分配实施方案的通知(试行)》(穗府〔1998〕21号),认真做好住房货币分配的组织实施工作。企业和其他单位可结合实际,参照执行。从2000年1月1日起,全市全面实行住房货币分配。

二、按照《国务院关于深化城镇住房制度改革的决定》(国发〔1994〕43号)和市人民政府《印发广州市深化城镇住房制度改革实施意见的通知》(穗府〔1995〕86号)精神,加快出售现有公有住房。从1999年2月1日起,房改售房(含换购、补购)时,共有分摊建筑面积要按房改成本价随户内单元面积一并出售,享受与户内单元面积同等购房折扣,但不列入本人职务(职称)住房分配面积标准。1999年1月31日前已出售的房改房,应分摊共有建筑面积和价款,在房改房上市交易、产权发生转移时,按规定向原产权单位补交。

三、执行中遇到的问题,请及时向市房改办反映。

关于加快住房制度改革实行住房货币分配的通知

(粤府〔1998〕82号)

各市、县、自治县人民政府，省府直属各单位：

为深化我省住房制度改革，逐步建立与社会主义市场经济相适应的城镇住房新制度，加快住房建设，进一步改善职工住房条件，根据《国务院关于进一步深化城镇住房制度改革加快住房建设的通知》(国发〔1998〕23号)精神，现将我省关于加快住房制度改革，实行住房货币分配问题通知如下：

一 深化城镇住房制度改革的目标

改革住房分配制度，把住房实物分配的方式改变为货币分配方式，推进住房商品化；建立和完善城镇住房公积金制度；建立政策性和商业性并存的住房信贷体系；建立和完善多层次城镇住房供应体系，把职工对住房的潜在需求转化为有效需求，促进职工购买住房；培育和规范住房交易市场，发展社会化的房屋维修、物业管理，促进房地产业和相关产业的发展。

二 住房货币分配的原则和范围

(一) 从1998年下半年起，全省各党政机关、事业单位逐步实行住房货币分配。具体时间和步骤由各市、县人民政府根据本地实际情况确定。从2000年1月1日起，全省一律停止按现行房改政策出售和出租公有住房。企业也要参照执行。

(二) 停止住房实物分配后，实行对职工发放住房补贴。职工个人住房补贴总额，原则上按当地政府确定的经济适用住房或普通商品住房的平均单价与职工负担额之差，乘以职工本人住房标准面积的一半计算。职工负担额为当地统计部门公布的上年双职工家庭平均工资的4倍除以60平方米。

职工住房面积标准，按省政府粤府〔1983〕68号文的规定执行。

（三）实施单位的职工，夫妇双方已享受下列住房补贴优惠政策之一的，都不能领取住房补贴：

1. 已按房改政策购买了公有住房并领了差额面积货币补贴的。

2. 已领当地政府认定的住房补贴的。

（四）符合条件领取住房补贴的职工，按照参加工作的时间区别对待：

1. 实行住房货币分配后，新参加工作的职工，不再实行住房实物分配，一律领取住房补贴；如租住单位住房，标准面积内按成本租金或商品租金计租，超标准面积部分按商品租金计租。

2. 实行住房货币分配前参加工作的职工，如在1999年年底前单位有住房可供购买的，可按现行的房改政策购买公有住房，否则，领取住房补贴。

3. 实行住房货币分配前已租住公有住房的职工，可按现行房改租金计租，但不得领取住房补贴；如领取住房补贴，从领取住房补贴之日起，按成本租金或商品租金计租。住房面积标准内的租金超过职工家庭领取的住房补贴和原由个人所支付的租金之和的部分，可暂免交。超标准面积部分按商品租金计租，并不得减免。

（五）住房补贴领取办法：夫妇双方按各自住房面积标准的一半分别在所在单位领取。

（六）夫妇中有一方领取住房补贴的，另一方不得再按现行房改政策购买或租住公有住房。

（七）领取住房补贴的单身职工结婚时，如对方已享受过住房优惠政策的，则从结婚次月起停止发放住房补贴。

（八）行政、企事业单位分流和下岗职工已租住的公有住房，可按本通知的规定继续租住或购买。

三　住房货币分配的形式

住房货币分配可采用多种形式进行：

（一）按月发放住房补贴形式。把住房补贴总额，按规定年限分摊到每个月，按月发放。

1. 补贴年限原则上为15—20年。

2. 补贴标准可根据物价变动和经济发展情况作相应调整。

3. 职工在领取住房补贴期间，职级发生变动，从变动次月起，按新任职级标准发放住房补贴。

4. 领取住房补贴的职工购房时，未领足5年住房补贴的，可一次性领取5—7年的住房补贴，余下的住房补贴按发放标准逐月领取。

（二）一次性发放住房补贴形式。把住房补贴总额，在职工购房时一次性发放。

一次性领取住房补贴的职工，应符合工作单位对服务年限的规定。因非组织调动而离开单位的，退回所领的不足服务年限部分的住房补贴并付活期利息。

（三）基本补贴加一次性补贴形式。统一按一般干部的住房面积标准计算基本补贴，按月发放；各职级干部与一般干部因住房面积标准之差形成的补贴差额，在购房或离退休时一次性发放。

各市、县可根据当地财力和住房状况，选择上述其中一种形式，或采用其他更好的形式。

四 补贴资金的来源和管理

（一）资金来源：

1. 各级财政纳入预算，原用于住房建设、维修和房租补贴的资金。

2. 行政、企事业单位自筹用于住房建设的资金。

3. 出售公有住房回收的资金。

4. 出租公有住房的租金收入扣除维修支出的部分。

5. 行政、事业单位经财政部门核准开支的预算外资金。

6. 企业的自有资金和公益金，不足部分经财政部门核定可在成本中列支。

7. 其他资金来源。

（二）住房补贴资金由政府设立的住房资金管理机构，参照住房公积金管理办法进行统一管理，定向用于职工购买、租赁住房，一般不以现金方式直接发给职工个人。补贴资金由发放补贴单位存入住房资金管理机构在银行开设的个人住房补贴专户内，银行按国家规定的利率计付利息。

（三）职工购买和租赁住房，可申请支取使用本人及其配偶的住房补贴专户内的存款。

（四）领取住房补贴的人员经批准离退休，或出国、出境定居的，可申请一次性支取本人名下的住房补贴专户内的存款本息。

（五）领取住房补贴的人员调离本地，原工作单位应从办妥调动手续次日起停止计发住房补贴，并办理个人住房补贴账户转移手续，且把计发情况记入本人人事档案。

五　换购、补购住房和差额货币补贴

职工房改购房后面积未达到标准下限的，在省规定的住房面积标准内可以实行换购住房、补购住房或住房差额货币补贴。具体按下列规定办理。

（一）换购或补购住房的条件和原则：

1. 本单位已解决了低于当地住房解困标准的住房困难户。
2. 本单位已建立了住房公积金制度。
3. 本单位要有现成房源可供换购或补购住房。
4. 任何单位不得新建（经批准立项的项目除外）或购买商品房进行换购或补购住房。
5. 亏损企业不得实行换购或补购住房。
6. 每户职工只能换购或补购住房一次。2000年1月1日起一律停止换购或补购住房。

（二）换购或补购住房的办理程序。职工换购或补购住房，必须由个人提出书面申请，经单位分房小组或职代会讨论同意，并必须在本单位张榜公布后，报当地房改办批准，方可办理换购或补购住房手续。对党政机关县（处）级以上，县（市、区）直属机关科（局）级，镇（乡）领导干部和基层站、所负责人，以及国有企业、事业单位的领导干部换购或补购住房，还要按照省委办公厅粤办发〔1996〕10号文要求，按干部管理权限有关规定报批。未经批准的，房改部门不得办理换购或补购住房手续。

（三）换购住房中原购住房的处理。职工把原购住房以原价返售给产权单位，不计息也不计租。凡住房自行装修的，在返售住房时，单位不予补偿。原已按规定购买两套住房仍未达到住房面积标准下限或购买一套后仍租住另一套公有住房的，换购住房时必须将两套住房全部退返原产权单位。

（四）换购或补购住房必须严格按省政府粤府〔1995〕44号文规定和省批准各地的成本价格执行，换购或补购的住房在省规定的住房面积标准内，可享受旧公有住房成新折扣、工龄折扣、一次付清房款折扣，但不得享受现住房折扣。超住房面积标准的，一律实行市场价。

（五）换购或补购住房的产权处理。按成本价换购或补购的公有住房，职工付清购房款后，产权归个人所有。

（六）职工按当时职务购买了超标准住房，职务调整后，对原超标准部分已按市场价购买加收的购房款，可按新职务标准和现行的成本价重新计算，多退少补。

（七）已购公有住房但未达到本人职务住房面积标准的，也可按实行住房货币分配的标准对其差额面积部分实行住房货币补贴。具体补贴办法按市、县政府颁布的住房货币分配方案规定执行。省属驻穗单位按广州市住房货币分配方案规定执行。

六 促进已购公有住房上市交易，活跃住房交易市场

（一）职工按房改政策购买的公有住房，在付清房款并取得房地产权证后可以上市交易。交易时按成交价或评估价的1%补交土地使用权出让金，免征营业税（及其附征的城市维护建设税、教育费附加等）、土地增值税，自住满5年以上的，免征个人所得税。其增值部分，以标准价购买的，二成归原产权单位，八成归个人所有；以成本价购买的，则全部归个人所有。

（二）职工出售的公有住房，原产权单位已缴纳土地使用权出让金的，职工应补交的土地使用权出让金向原产权单位交纳。

七 加强领导，健全机构，保证改革的顺利推进

（一）各级政府要根据本通知的精神，认真组织调查研究和测算，结合本地实际，因地制宜制订实施方案，地级以上市的方案报省房改办批准后实施；县级市和县的方案报所在地级以上市的房改领导小组批准后实施。

所有单位，不论隶属关系，都应执行所在市、县政府制定的政策和方案。

（二）住房制度改革是一项长期性和政策性较强的工作，各级政府要建立健全房改工作机构，成立住房资金管理中心，定级定编。

（三）严肃房改纪律，加强监督检查。各地要严格执行省制定的统一政策，对违反省政府粤府〔1995〕44号文和本通知的规定，低价出售公有住房，变相增加住房补贴，挪用房改资金等违纪行为，各级监察部门要严肃查处。

单位没有现住房，突击购建住房进行换购或补购的，或弄虚作假进行换购或补购住房，一律无效，收回换购或补购的公有住房，房地产管理部门注销房地产权证。并视情节给予单位负责人和个人政纪处分。

审批部门不按规定程序审批或弄虚作假，审批无效，并追究审批人责任，视情节给予政纪处分。

（四）各地要认真做好宣传工作，向干部群众讲清进一步深化住房制度改革的目的、意义和政策，正确引导干部群众转变住房消费观念，增强住房商品化意识，使广大干部群众理解和积极参与这项改革。

本通知由省建委负责解释。

发布部门：广州市政府　发布日期：1999年1月26日　实施日期：1999年1月26日　（地方法规）

后 记

几经艰辛，论文终于完成，如释重负。然而，此时心中并没有预想中的轻松与愉悦，因为深感自己学业未精，能力有限，论文中存在不少的缺陷与不足，有愧于老师们的谆谆教诲！

回顾攻读博士学位的历程，心中感慨万千。这不仅是学业与知识的积累之路，更是人生成长与蜕变之旅。其间，得到了老师的悉心教诲，同学的热心帮助，家人的充分理解，正如此，我的读博之路虽不平坦，但收获颇丰！

首先，衷心感谢我的恩师刘祖云教授。三年前，正是恩师将我纳入门下，领我走进了神圣的社会学殿堂；三年来，恩师在学习上悉心引导我、鼓励我、鞭策我，在生活上关心我、照顾我、帮助我。博士论文从选题、调查、研究设计一直到论文的最后定稿都离不开恩师的精心指导。在我眼中，恩师是一位才学深厚、治学严谨、宽厚仁慈、睿智谦和的长辈。绵绵师恩无以回报，唯有铭记于心，激励我在学术的道路上不断前行。

感谢社会学与社会工作系的各位老师。老师们渊博的知识、严谨的治学态度令我如沐春风。蔡禾老师、李若建老师、丘海雄老师、王宁老师、刘林平老师、梁玉成老师、王进老师、郭忠华老师所开的理论与方法课令我受益匪浅；博士论文开题会上，蔡禾老师、丘海雄老师、黎熙元老师、李伟民老师、梁玉成老师提出的宝贵意见令我茅塞顿开；博士论文预答辩会上，丘海雄老师、李若建老师、任焰老师、李伟民老师和梁玉成老师给我提出了宝贵的修改意见；博士论文写作过程中，梁玉成老师在方法上给予了我悉心的指导与帮助。在此一并献上我最诚挚的谢意！

感谢好友刘习根、李晚莲、魏万青，在我生病时的陪伴与照顾；感谢同门林双凤、魏万青、孙秀兰，在我论文调查期间的多次无私的帮助；感谢好友付光伟、党曦、黄晓星、黄建跃、焦自军、周黄琴，我们一起打球、一起散步聊天、一起聚餐的时光令我难忘，正是有了你们，我的博士生活才不至于单调乏味；感谢同门胡蓉、罗小锋、刘敏、许涛、胡锋对我的鼓励与关心。感谢魏万青、林双凤、孙秀兰、付光伟对我论文提出的建设性的修改意见。

最后对于我的家人表示特别的谢忱和爱意。在我读博期间，年迈父母对我的宽容和理解，增添了我前行的动力。妻子在我读博期间，除了自己繁重的学习和工作之外，还承担起了本该由两人分担的全部家务和教育孩子的重担。正是妻子对我学业的坚定支持和理解，为我的研究顺利进行解除了后顾之忧，也是我完成这篇博士论文的最终动力。对于我的儿子，总觉有一份歉疚。在他小学毕业的关键时期，我没能陪伴他左右，希望将来他能够理解。

"不登高山，不知天之高也；不临深溪，不知地之厚也。"研究之后，方知自己知识的浅薄。研究没有终点，未来的学习和奋斗之路还很漫长，我将怀着无比的信心和勇气，朝着自己的理想不断前行！